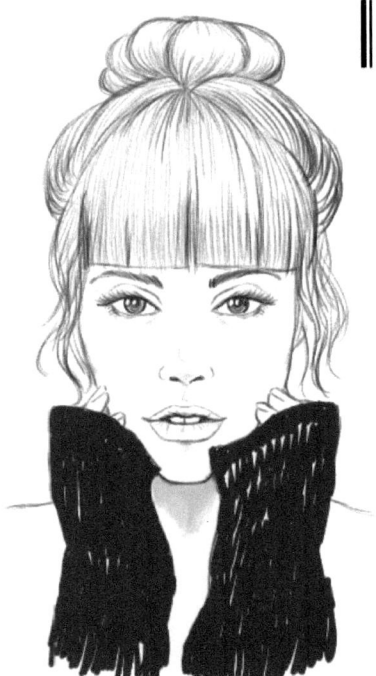

Comenzando de cero

© Cristhian Sanabria, 2017

Ilustrador: **Cristhian Sanabria @ChrissBraund**
Portada: **Cristhian Sanabria**
Diseño y diagramación: **Cristhian Sanabria**

No se permite la reproducción total o parcial de este libro, ni su incorporación a un sistema informático, ni su transmisión en cualquier forma o por cualquier medio, sea éste electrónico, mecánico, por fotocopia, por grabación u otros métodos, sin el permiso previo y por escrito del autor.

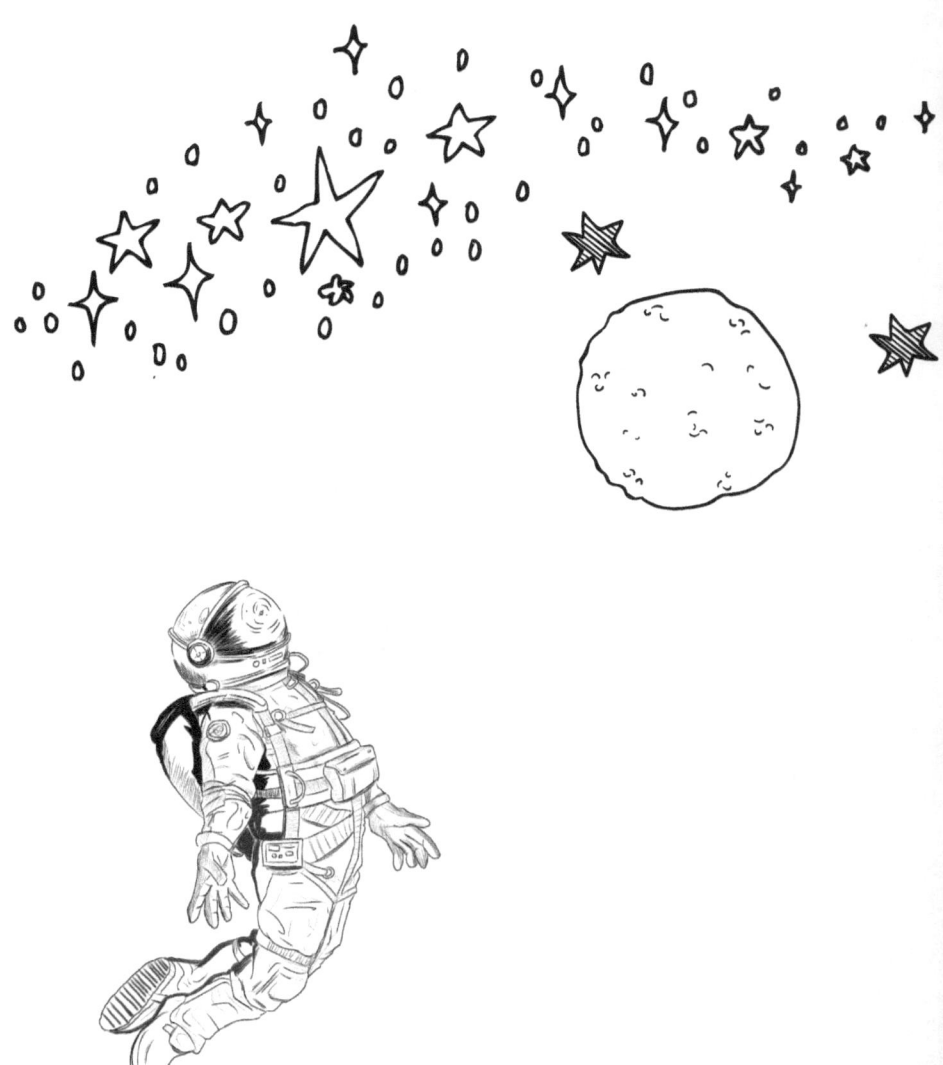

Cuando las cosas se tornan oscuras pensamos que es el fin del mundo, pero como dice Charles Chaplin, "No tengas miedo, los planetas también chocan, y del caos, nacen las estrellas."

ESTA AGENDA SE PUEDE UTILIZAR PARA:

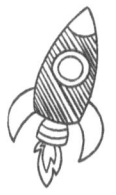

Poner a volar tu imaginación

Cumplir tus sueños

Ahorrar tiempo

Aumentar tu creatividad

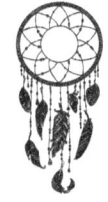

Organizar tus ideas

Enfocarte

Alcanzar tus objetivos

Sacar adelante tus proyectos

Dibujar

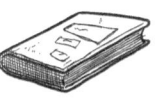

Colorterapia

Diario

Planificador

Leer mensajes que te motiven.

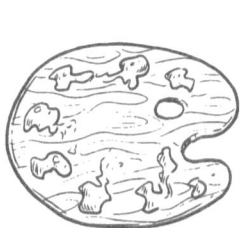

Escribe tu propia historia, eres el protagonista de tu vida.

Chriss Braund.

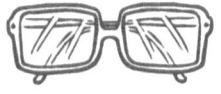

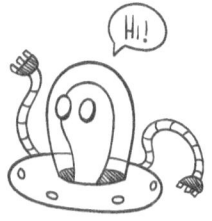

DATOS PERSONALES

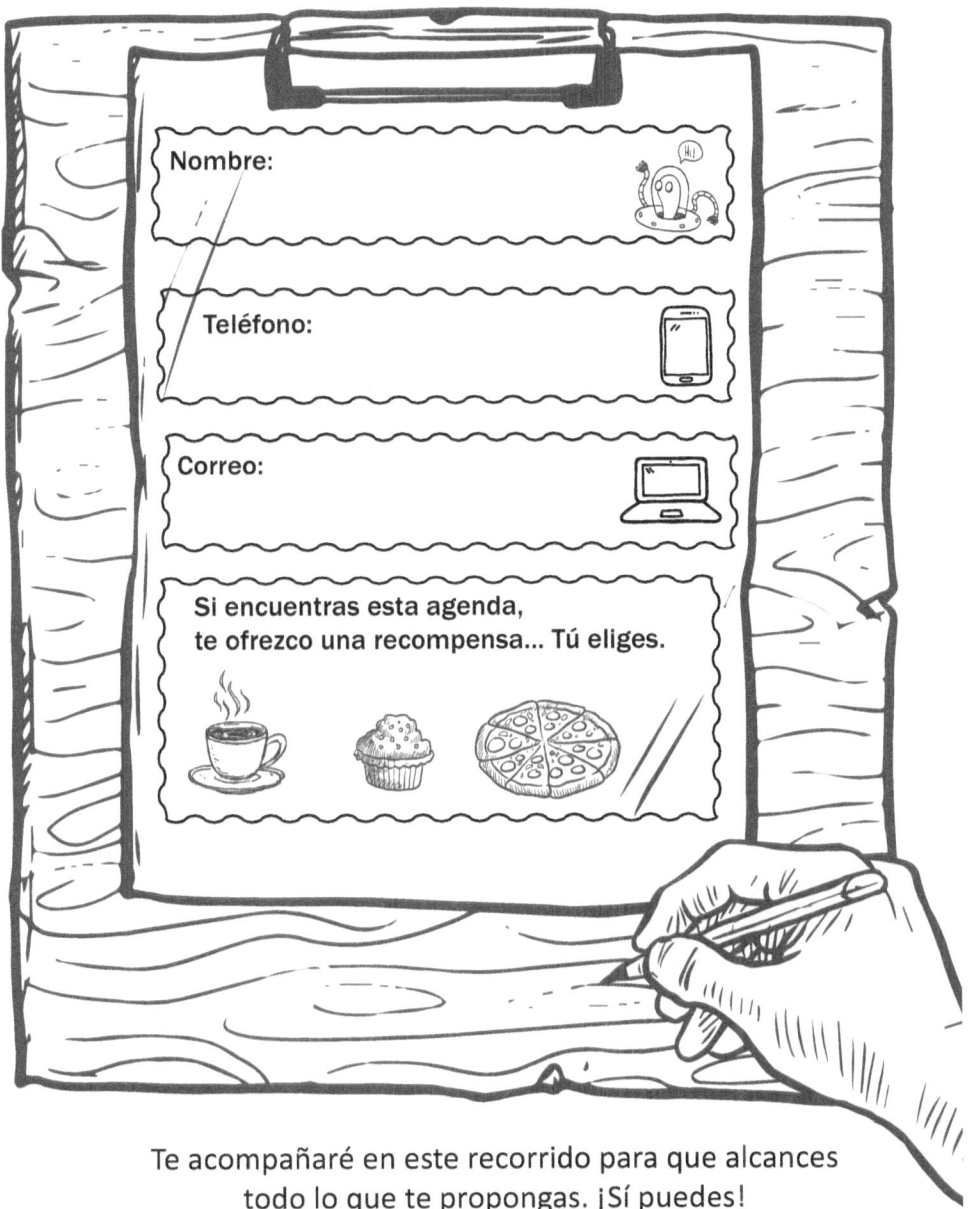

Te acompañaré en este recorrido para que alcances todo lo que te propongas. ¡Sí puedes!

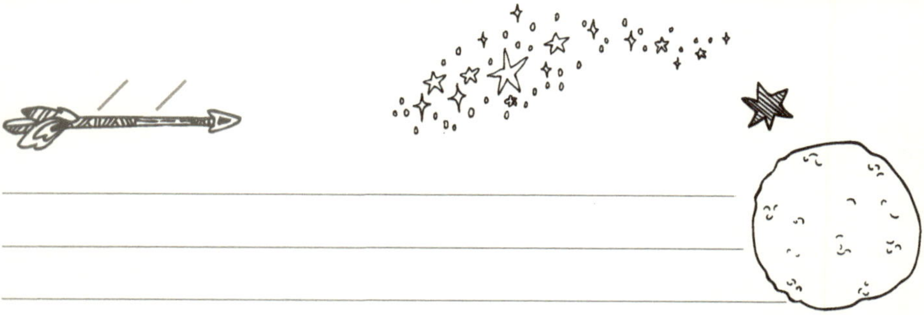

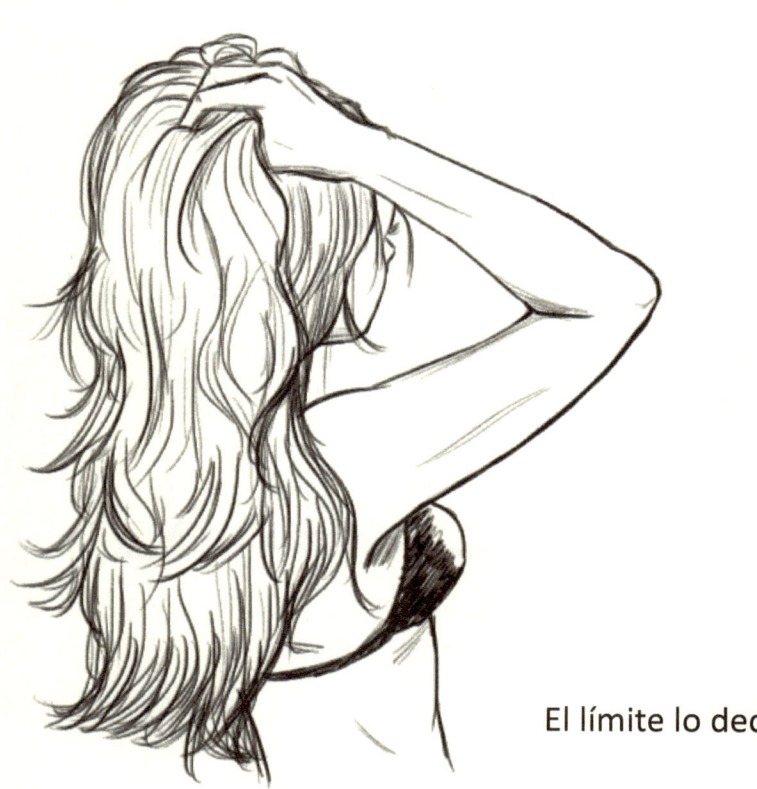

El límite lo decides tú.

Si un día te quedas sin nada,
que sea por haberlo dado todo.

Sal de tu zona de confort.

Ya cansado de soñar, tropezaba con estrellas.

Sueña en grande.

Piérdete en un mundo desconocido.

Escucha a tu corazón.

Sigue tus instintos.

Confía en ti.

Quiere, ¡quiere mucho!

Nunca te apagues.

Aunque te sientas sola,
no lo estás.

Mira la luna, seguro tiene un mensaje para ti.

Eres valiente, sobreviviste al empezar de cero.

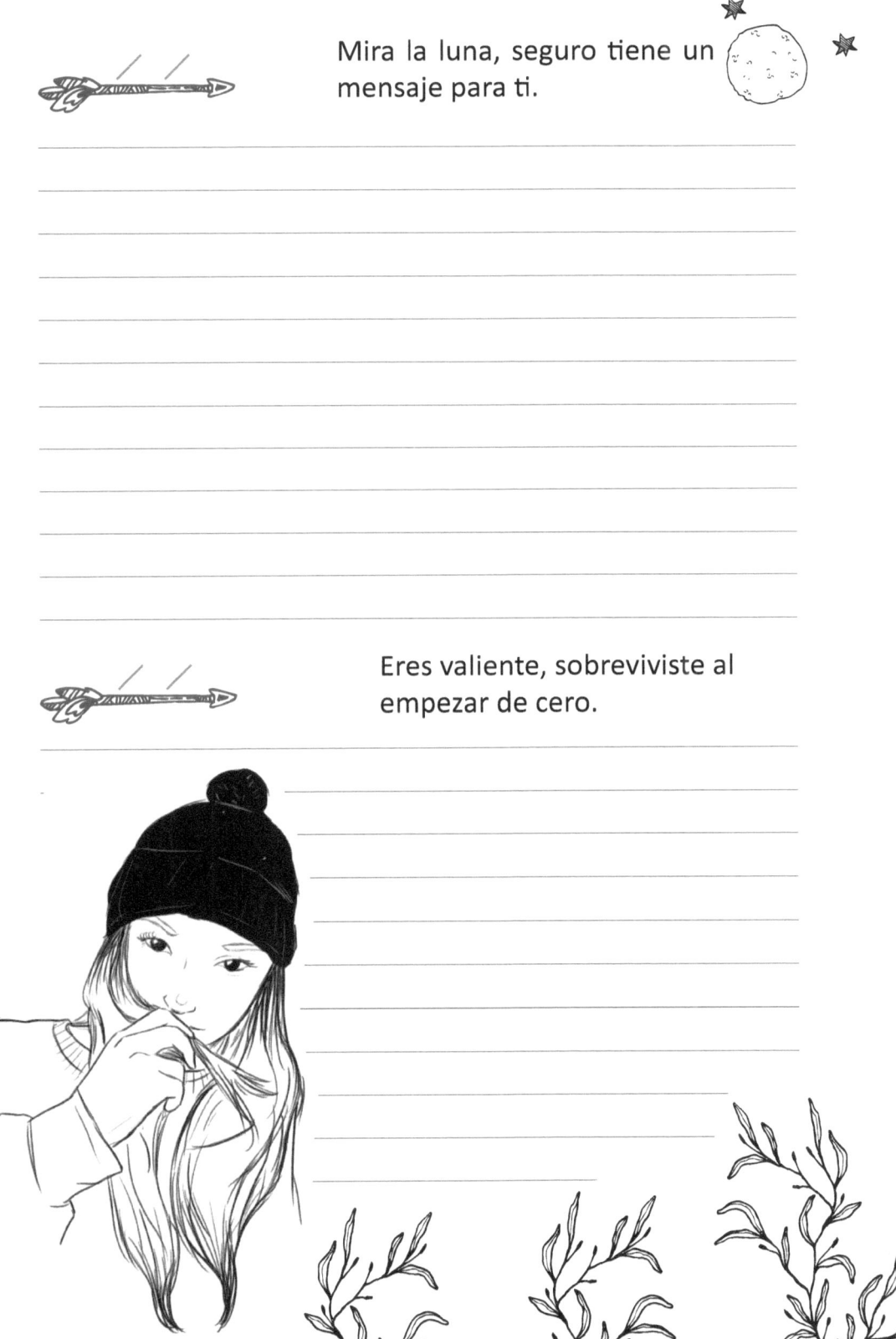

Dos de azúcar quitan cualquier amargura.

La amistad es una planta que debe regarse todos los días.

Jamás permitas que te corten las alas.

Fíjate un objetivo y cúmplelo.

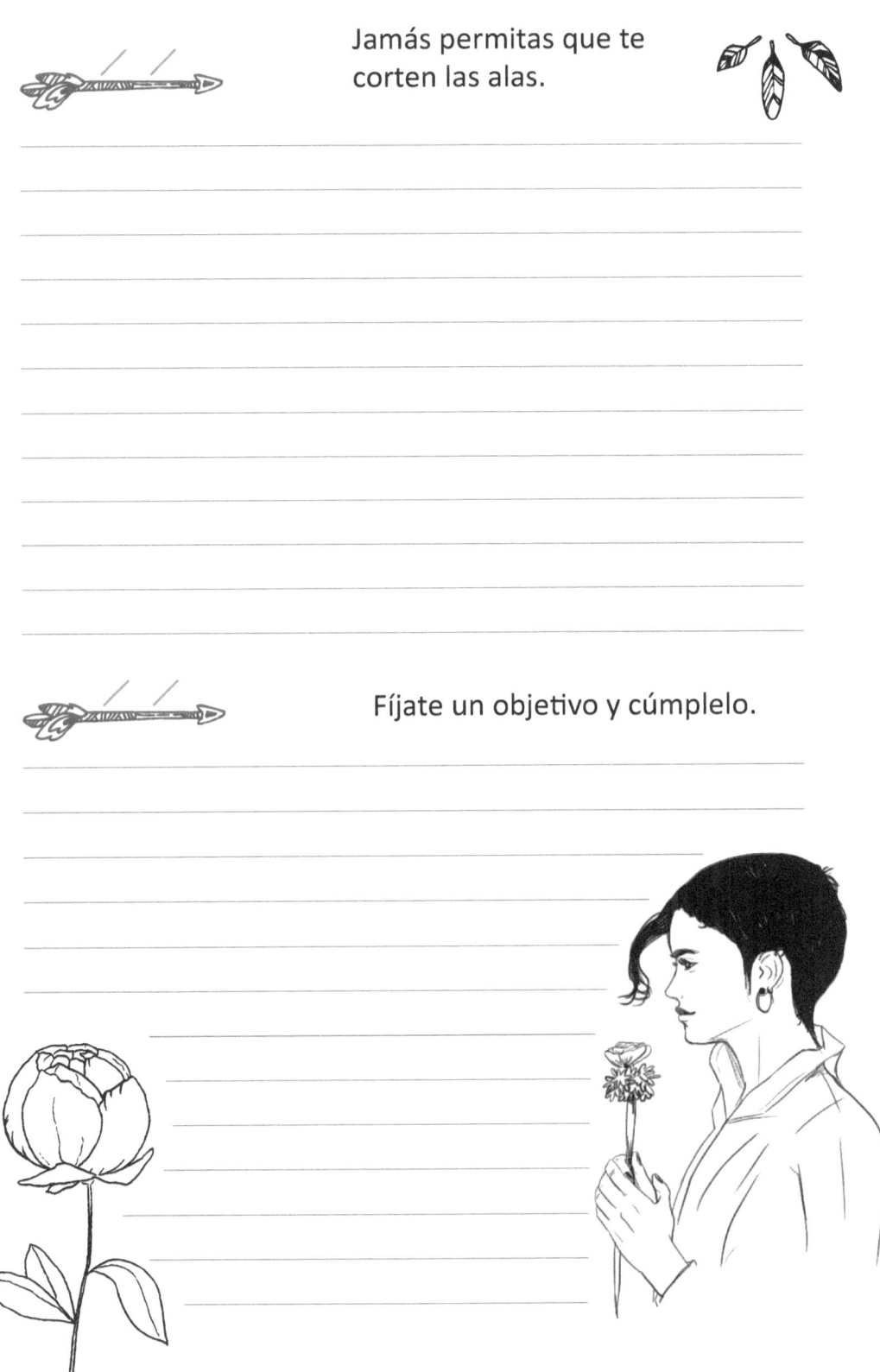

Vence tus miedos...

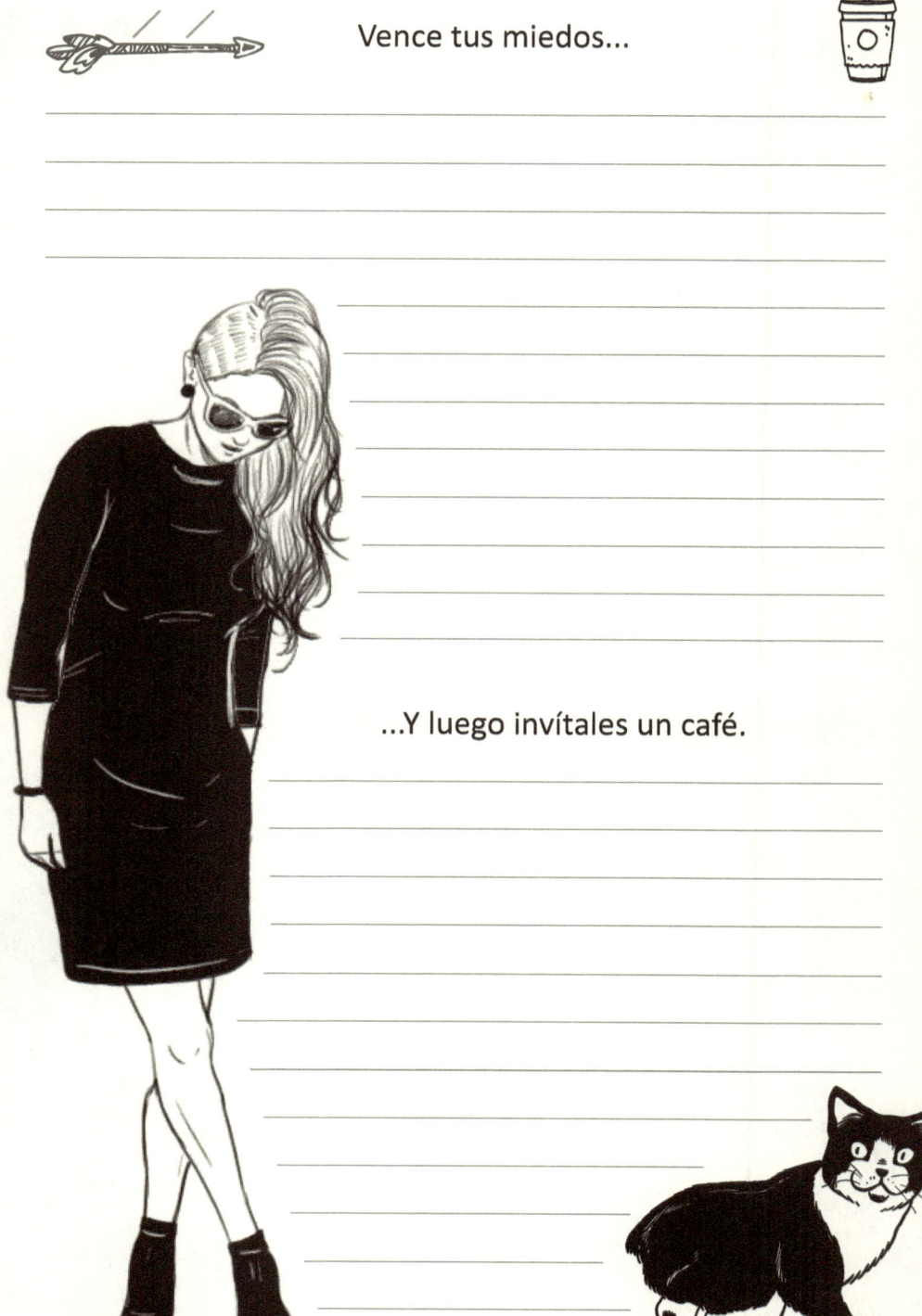

...Y luego invítales un café.

Vuelve a ese lugar donde fuiste completamente feliz.

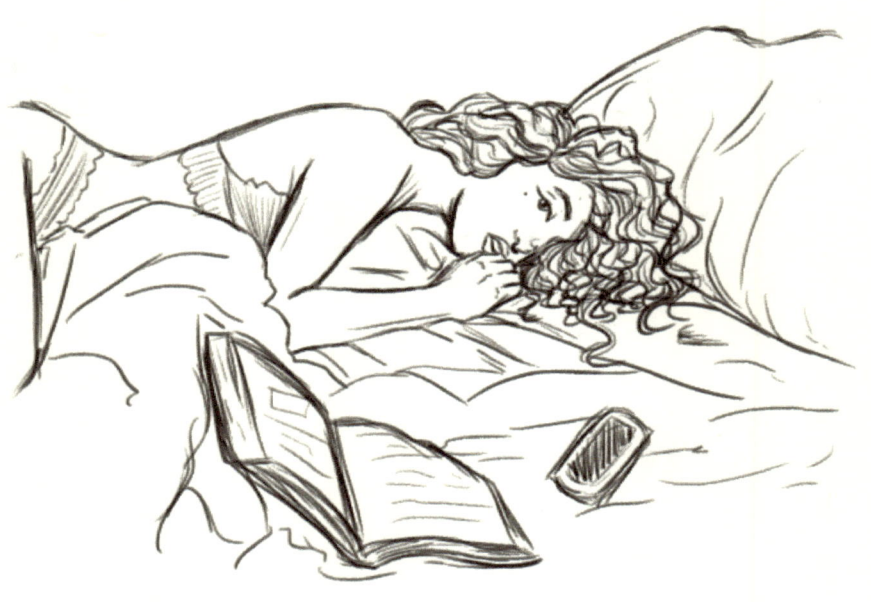

Leer da sueños.

¡Despierta y hazlos realidad!

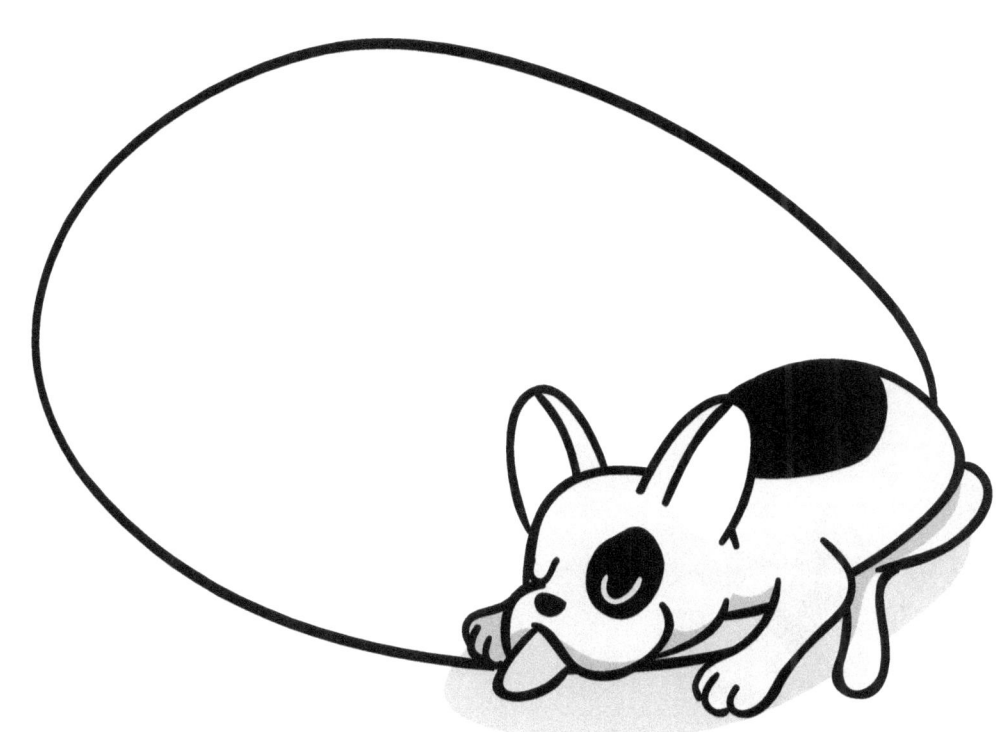

La vida se define por las decisiones que tomamos.

También por las que dejamos pasar.

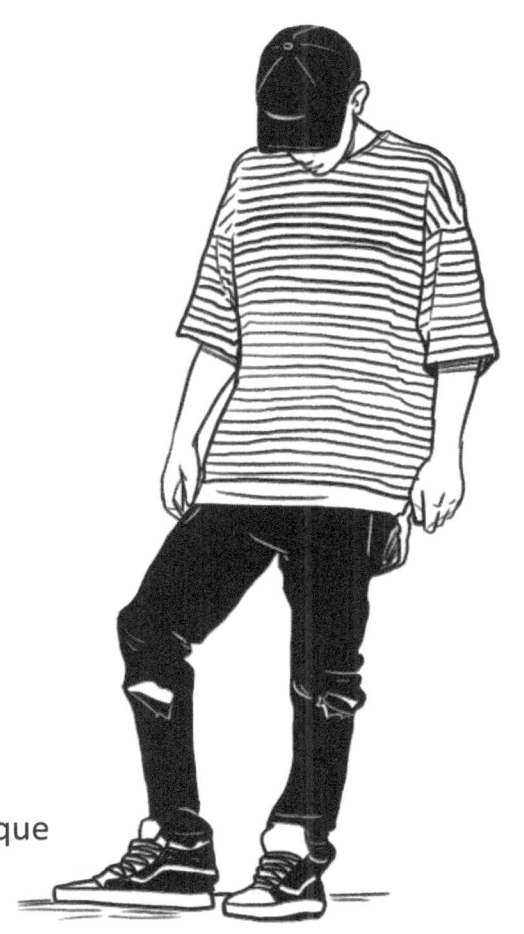

Toma un descanso, sabes que lo necesitas.

Asume riesgos.

Disfruta el olor de las flores.

Observa a todos a tu alrededor.

¡Sé valiente!

**Hay cosas ocultas,
solo debes saber buscar.**

_____
_____
_____
_____
_____
_____
_____
_____
_____
_____

Encuentra nuevas posibilidades.

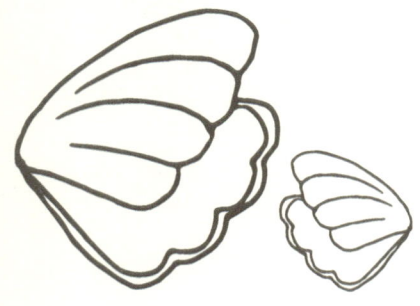
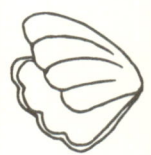

Déjate llevar.

Tal vez el puente se rompió para que saltes.

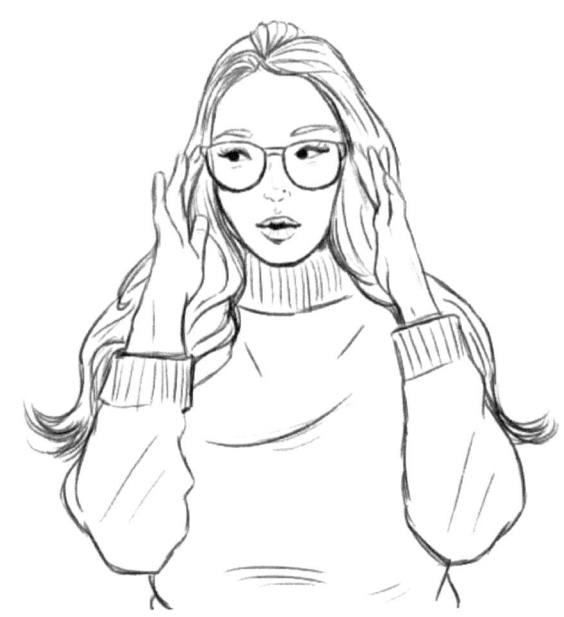

Vive, joder, ¡vive!

Dale forma a tus ideas.

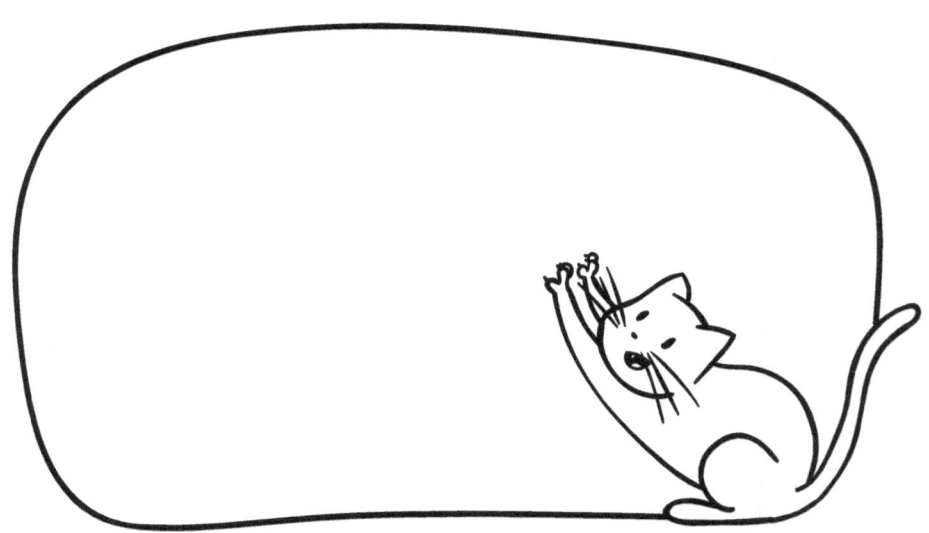

Siéntete una campeona.

¡Reinvéntate!

La vida no es una competencia con las demás personas.

Es un reto contigo misma.

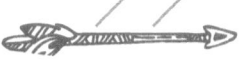

A veces se gana,
a veces se aprende.

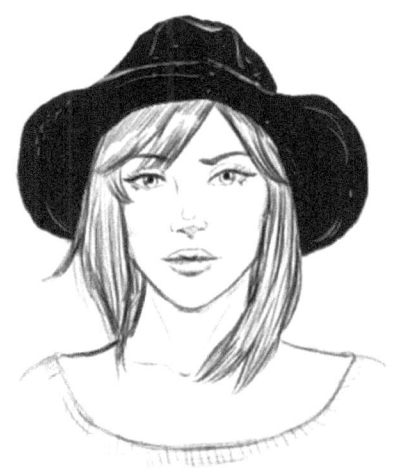

Encontrarás dificultades.

Lo que no te mata, te hace más insistente.

Nadie dijo que sería fácil.

Si todo se torna difícil, quiere decir que vas por buen camino.

Realiza tus tareas completas.

Soy más café que persona.

Si tu café se torna amargo, ¡Sacúdelo! el azúcar a veces se encuentra al fondo.

Sé valiente, justo y feliz.

¿Qué es la felicidad?

La felicidad a veces se esconde en un pedazo de chocolate.

Otras veces se disfraza de pizza.

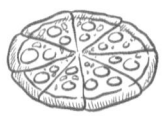

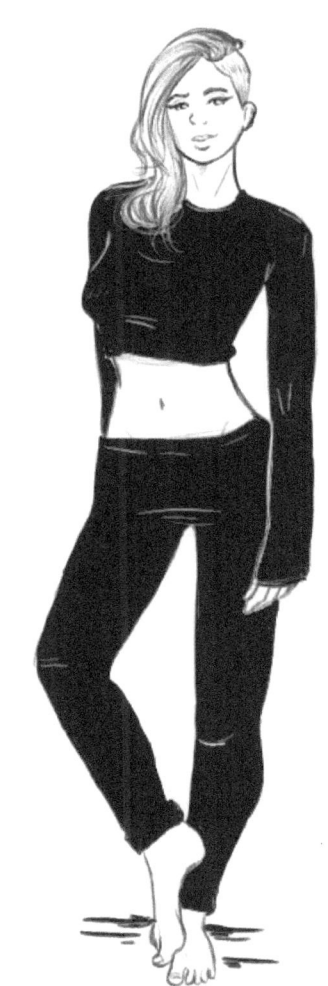

La felicidad la defines tú.

¡Desenrróllate!

Medita... OoooHhhmmmm

Visita al mar.

Las hojas en blanco significan que puedes dibujar tu propio camino.

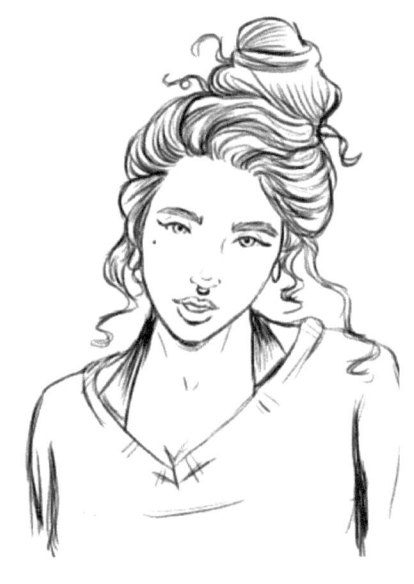
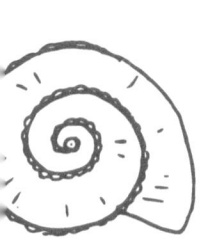

El mejor momento siempre será HOY.

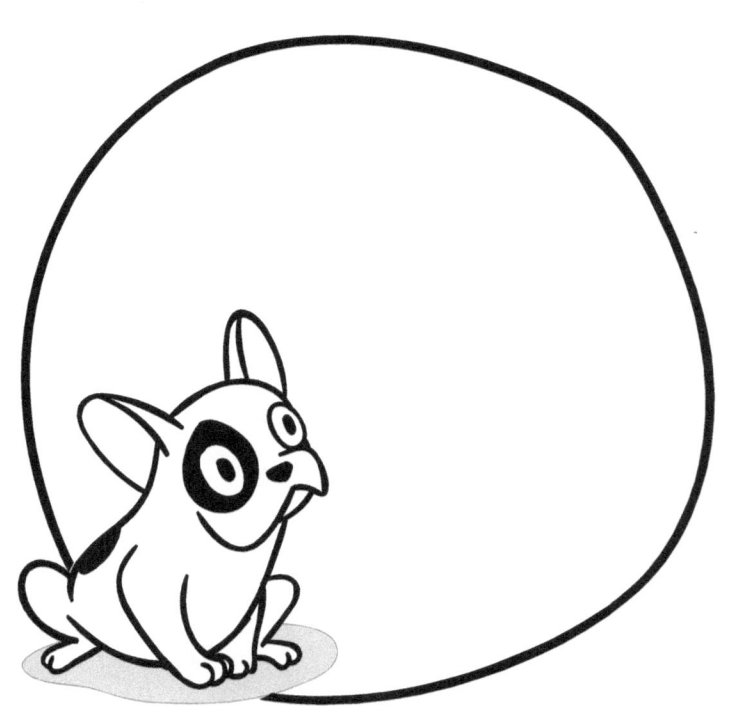

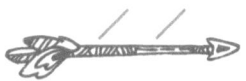

Este momento es todo lo que existe.

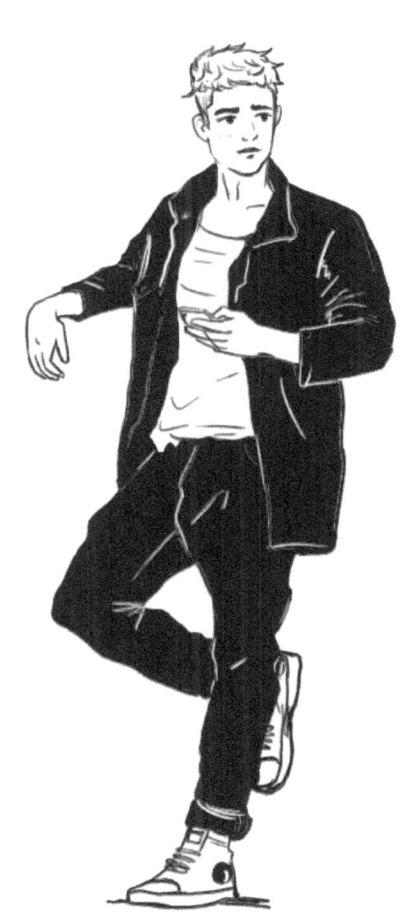

¡Aprovéchalo!

Ser raro no es algo malo.

Sé diferente.

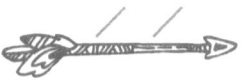 Pero la tuya es especial.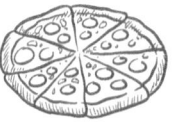

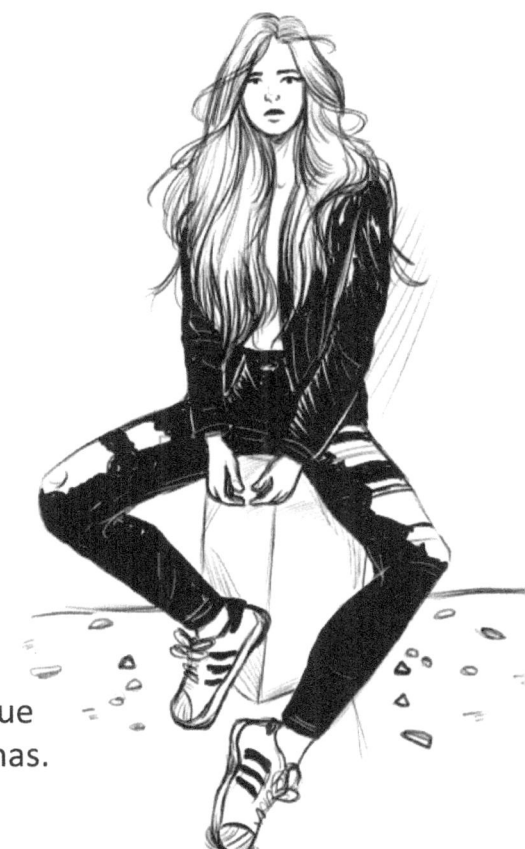

Que nadie te quite la felicidad que sientes cuando comes lo que amas.

Tomar pequeñas siestas te ayuda a tener más energía.

Queda-té.

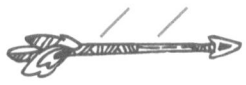

¡Conócete!

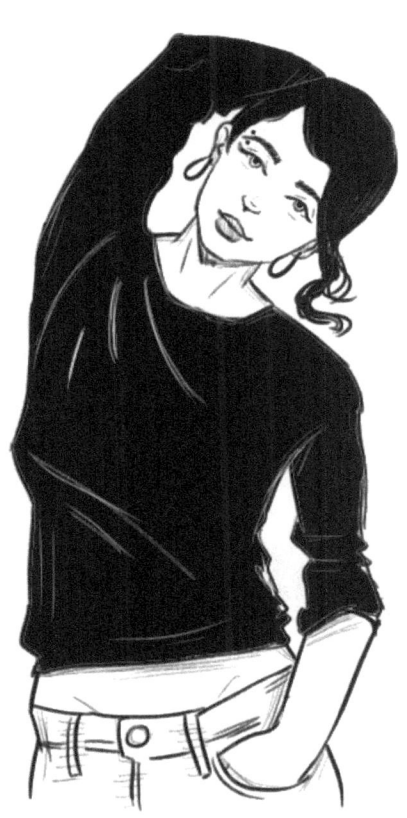

¡Brilla!

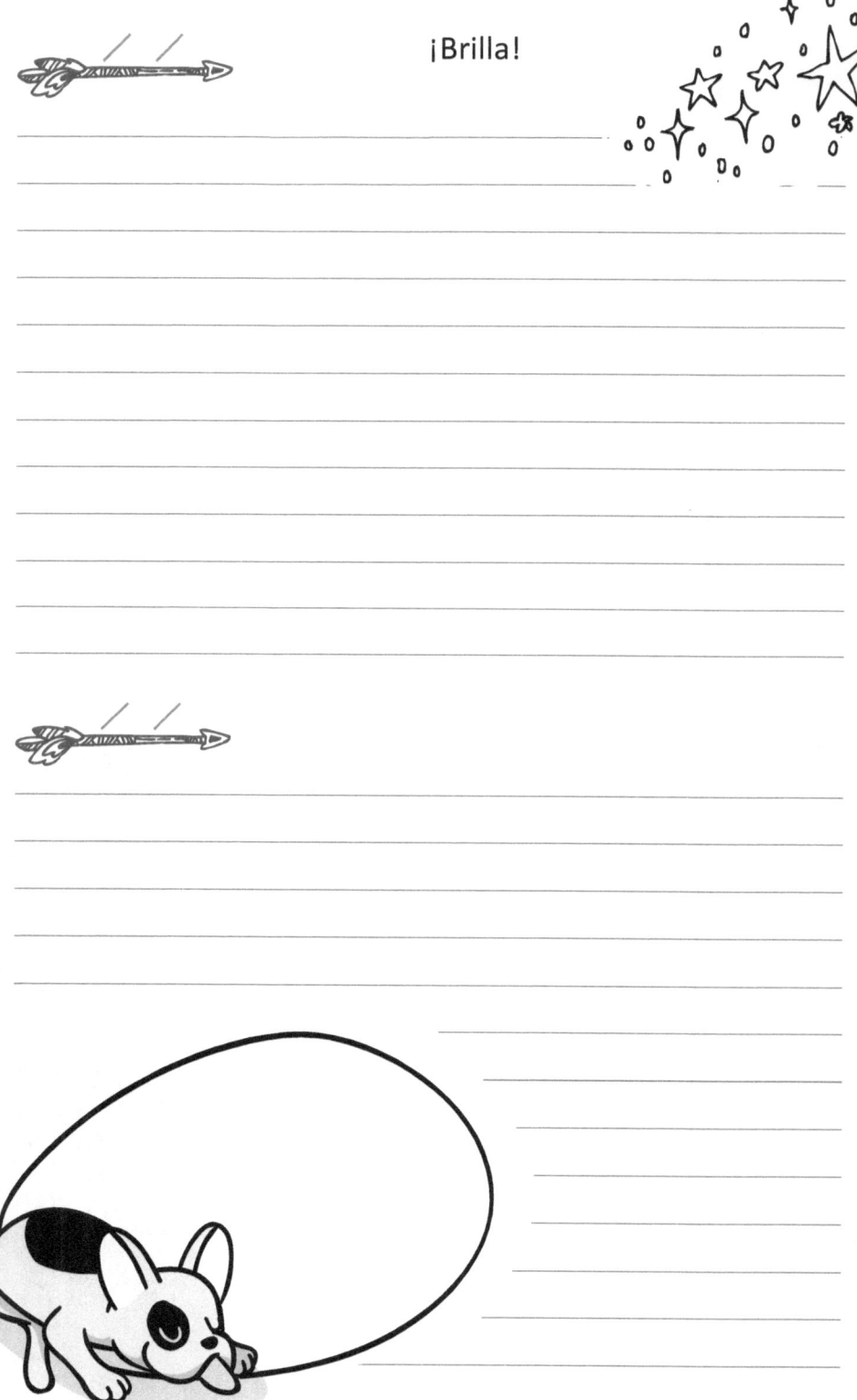

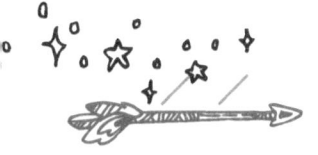 Hoy es todo o nada.

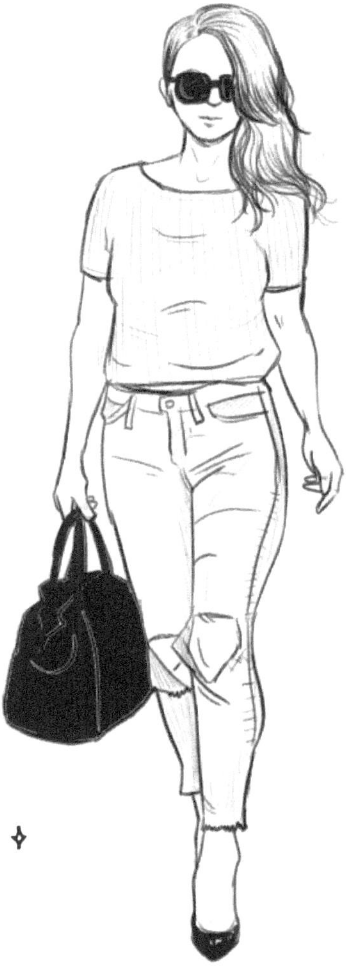

¿Le temes a los cambios?

A veces son necesarios.

La vida nos hace reinventarnos una vez más.

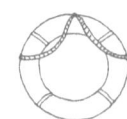

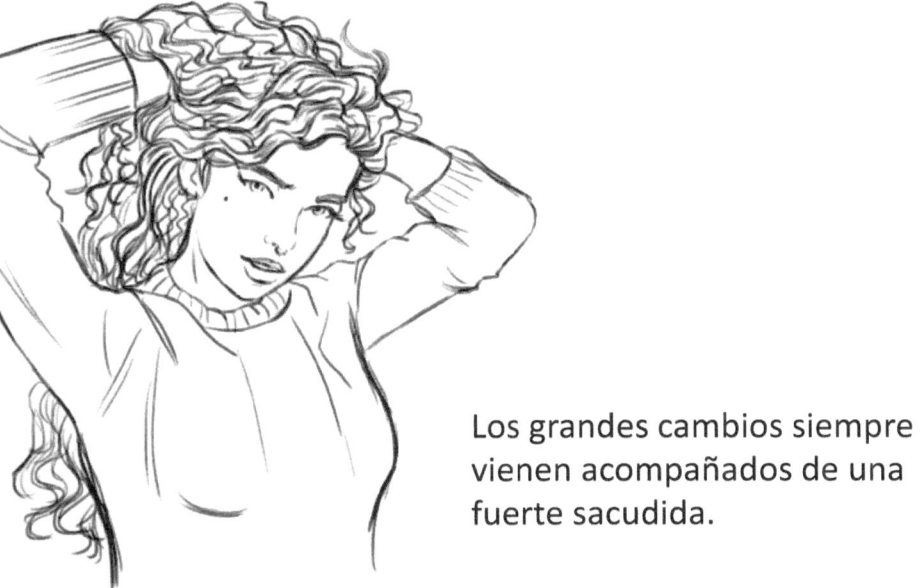

Los grandes cambios siempre vienen acompañados de una fuerte sacudida.

Un nuevo día.

Un nuevo comienzo.

_____
_____
_____
_____
_____
_____
_____
_____

Y si hay que empezar de cero,
pues se empieza.

Insomnio: Ansias del futuro.

_____
_____
_____
_____
_____
_____
_____
_____
_____
_____
_____

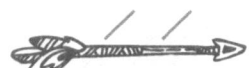 Todo llega para el que sabe esperar.

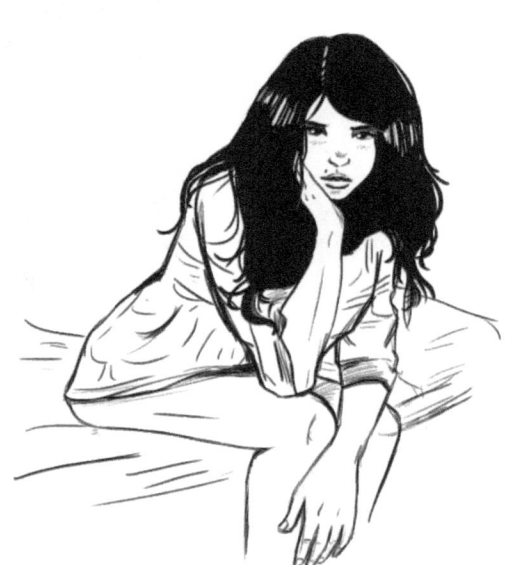

El insomnio es querer dibujar un día, a cualquier hora.

Por las noches somos más creativos, ¿Lo sabías?

¿Cansada?

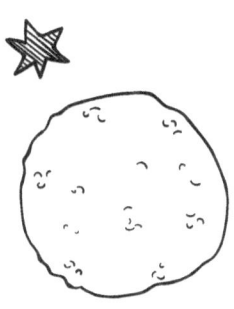

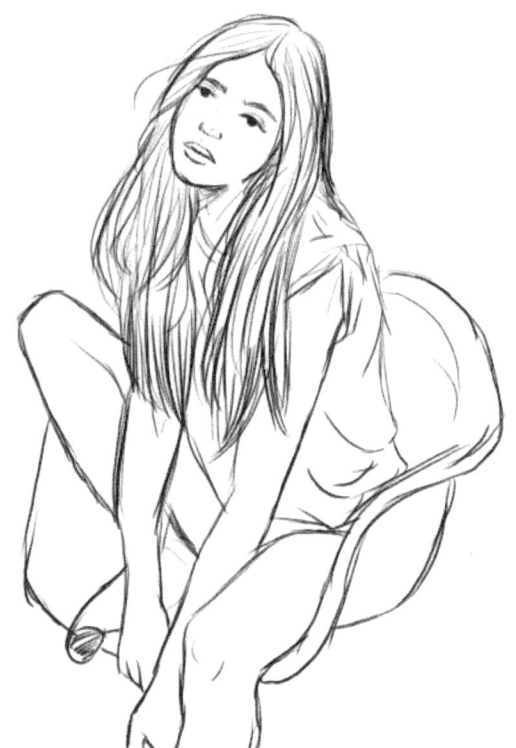

Todo pasa,
todo llega
y todo cambia.

Observa

Escucha

¡Aprende!

Somos lo que elegimos ser.

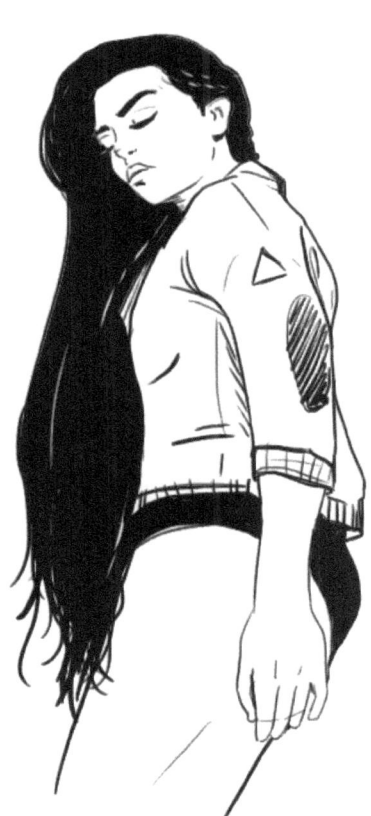

Referencias Fotográficas:
Sergio Keiman **@TheCaptainGringo**

La única persona que estará contigo el resto de tu vida eres tú mismo.

¡Quiérete!

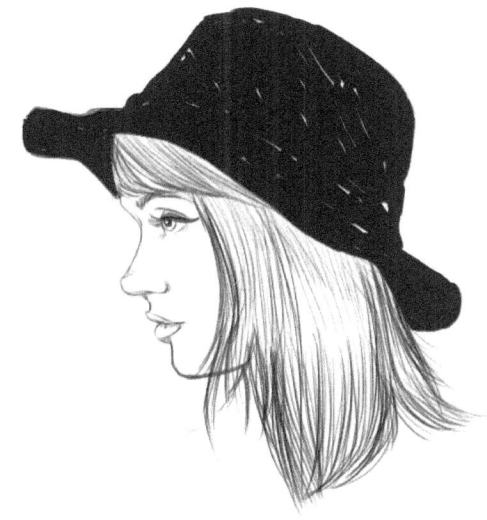

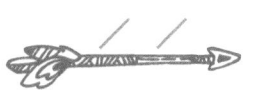 Dedícate a sentirte bien contigo mismo.

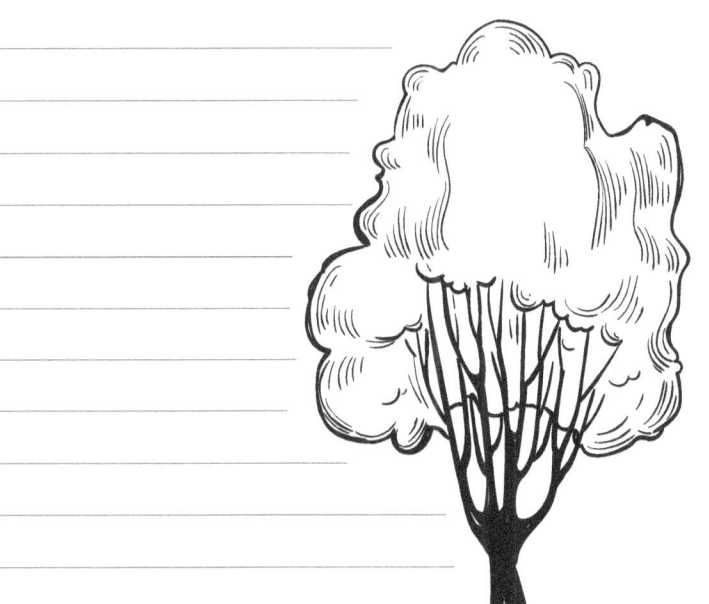

Olvidar es difícil.

_____
_____
_____
_____
_____
_____
_____
_____
_____
_____

Pero sabías que...

_____
_____
_____
_____
_____
_____
_____
_____
_____
_____

...En realidad no olvidamos, nos resignamos.

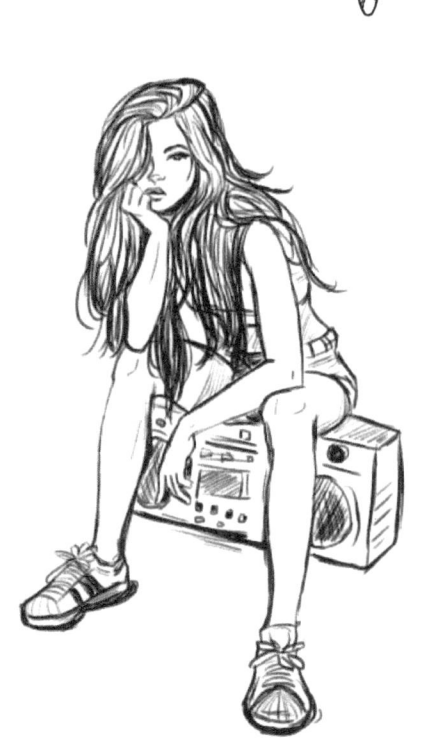

Así que, si no puedes olvidar, entonces crea nuevos recuerdos.

¡Vales mucho!

_____
_____
_____
_____
_____
_____
_____
_____
_____
_____

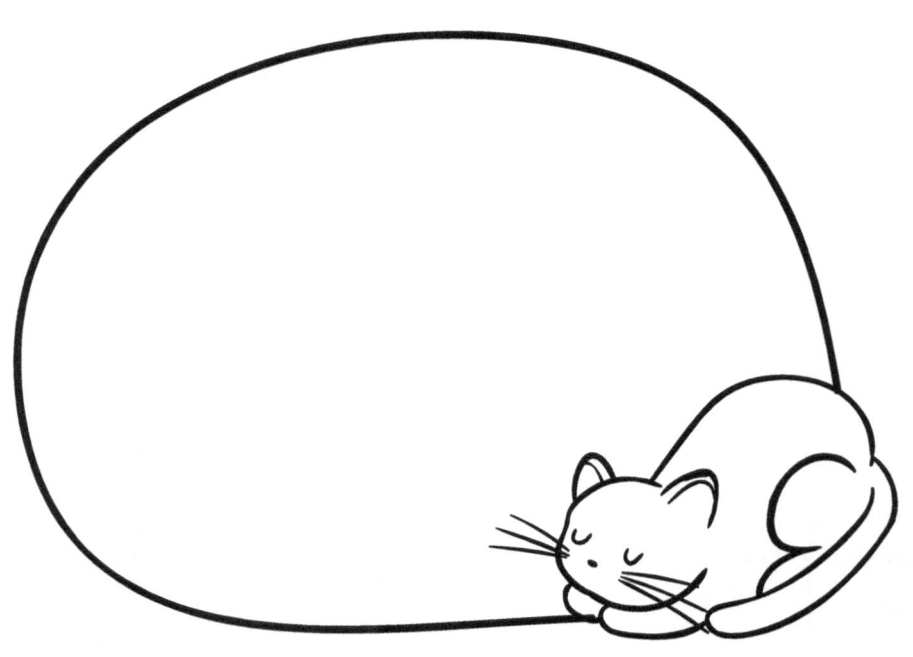

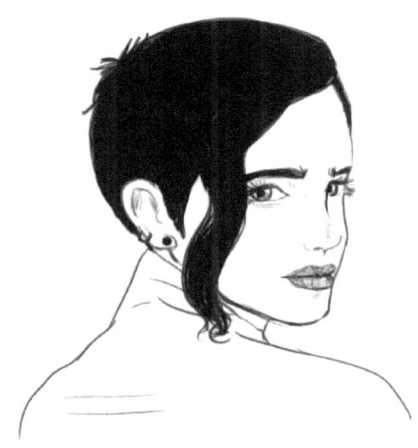

Despréndete y renuévate.

¿Todo se torna gris?

Encuentra esa luz en medio de la oscuridad.

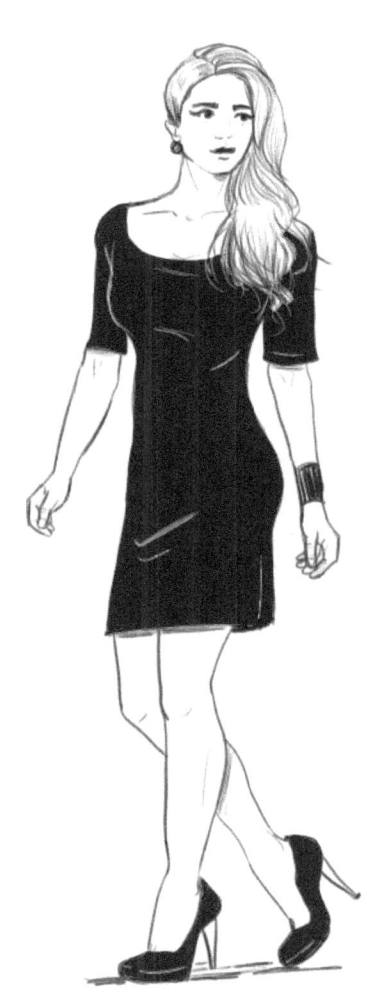
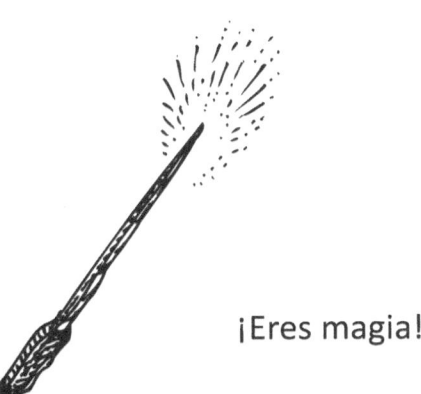

¡Eres magia!

A veces nos anclamos
a lo imposibe.

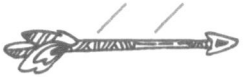

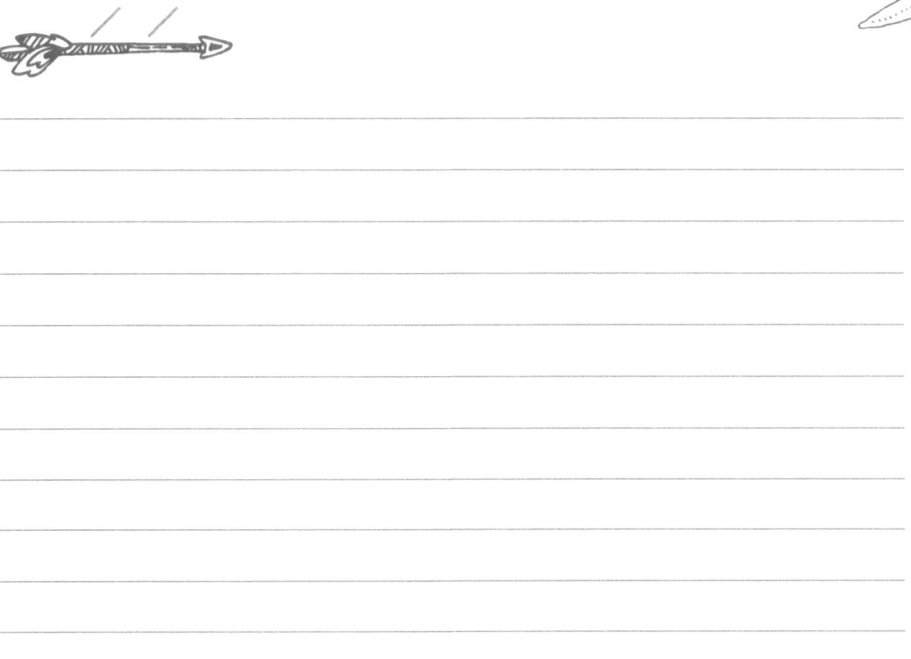

Las olas dicen que para dejar ir, hay que saber soltar.

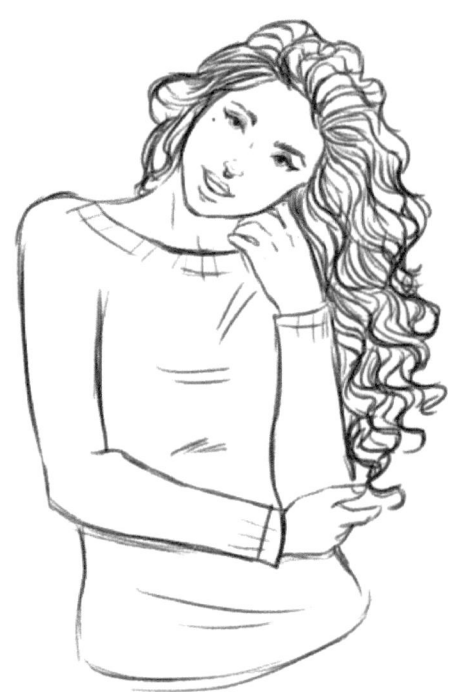

¿Sueñas despierto?

Soñar con volver, ya es haber vuelto.

¡Soñar es de optimistas!

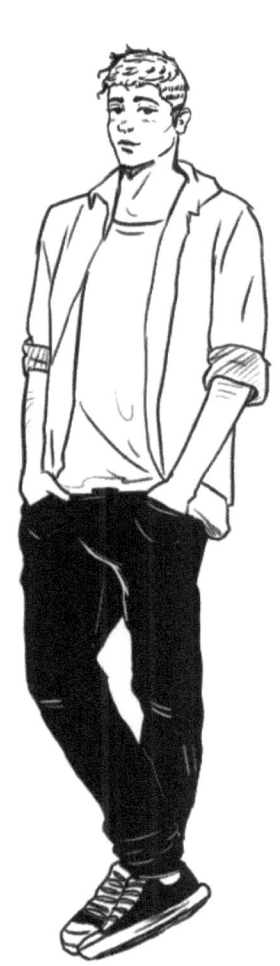

La vida es tan corta como un muffing.

Disfruta cada bocado.

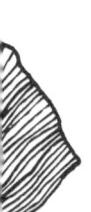

No dejes nada por vivir.

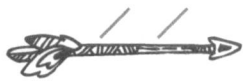
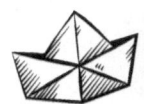
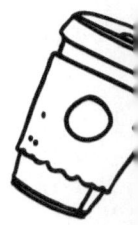
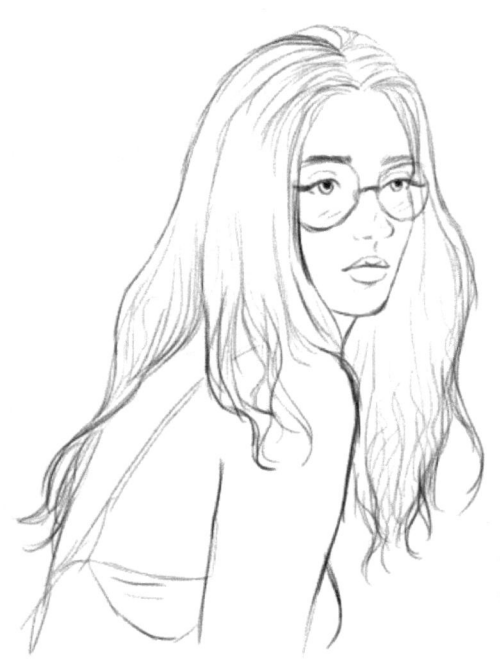

Queremos muchos cambios sin querer cambiar y eso es imposible.

Los barcos de papel son frágiles,
las promesas también.

La vida es un constante viaje.

Ojalá las decisiones fuesen tan fáciles como saber qué tomarás hoy.

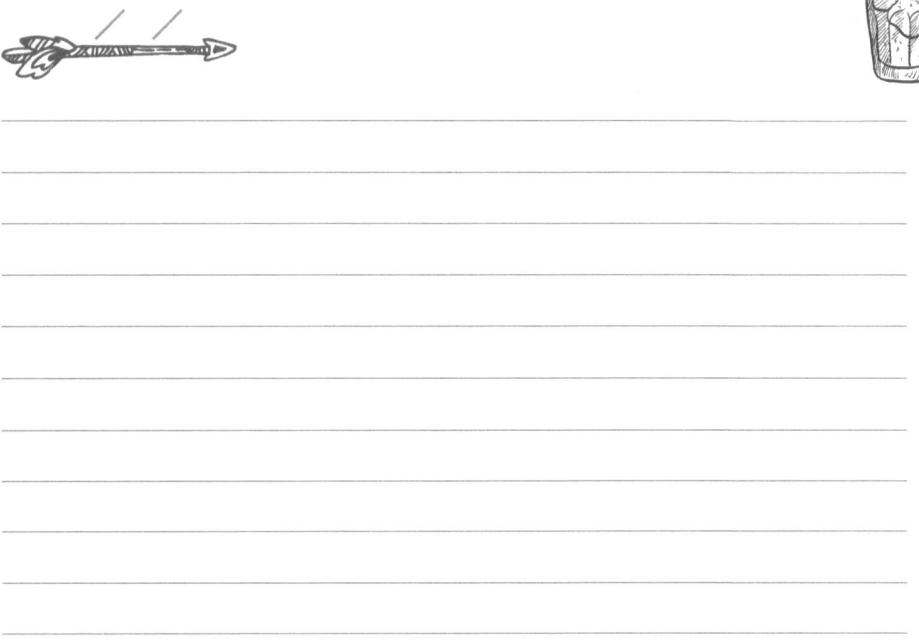

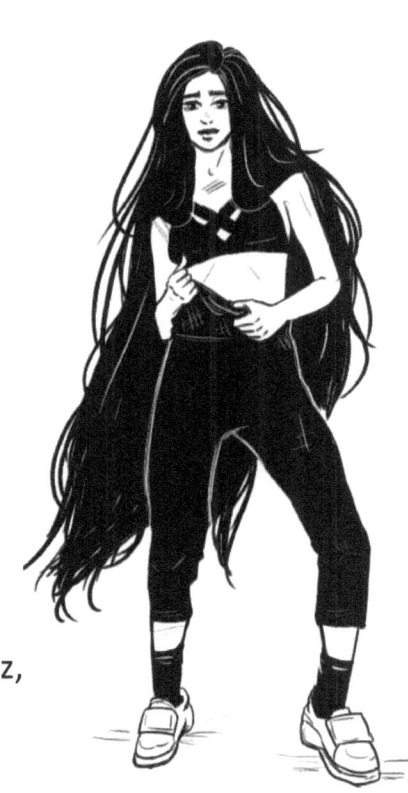

Si encontraste lo que te hace feliz,
ya habrás ganado.

Existen muchas rosas, pero la que cuides será especial.

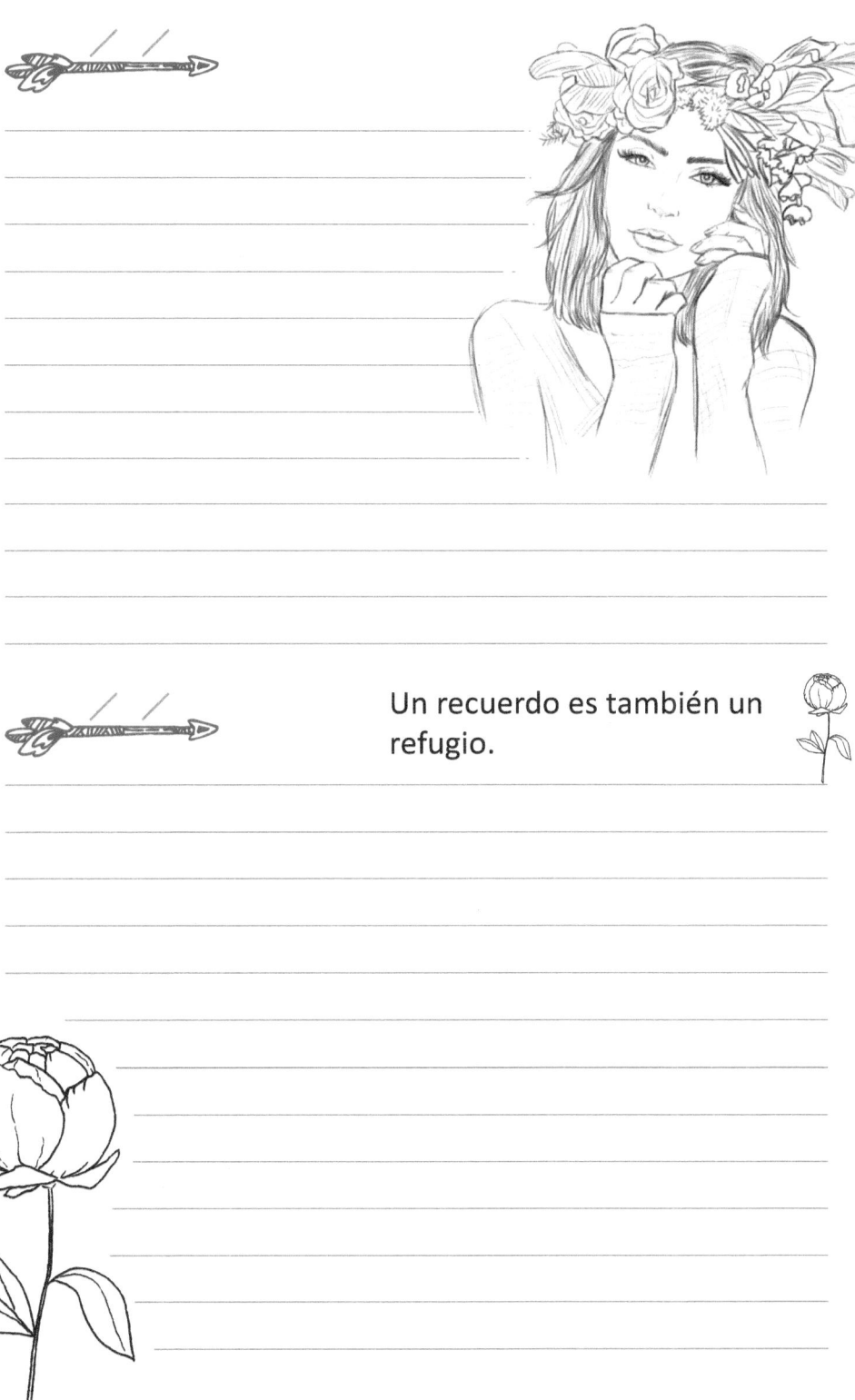

Un recuerdo es también un refugio.

Visualiza tu futuro.

Inténtalo cada día hasta conseguirlo.

La felicidad es breve, la tristeza también.

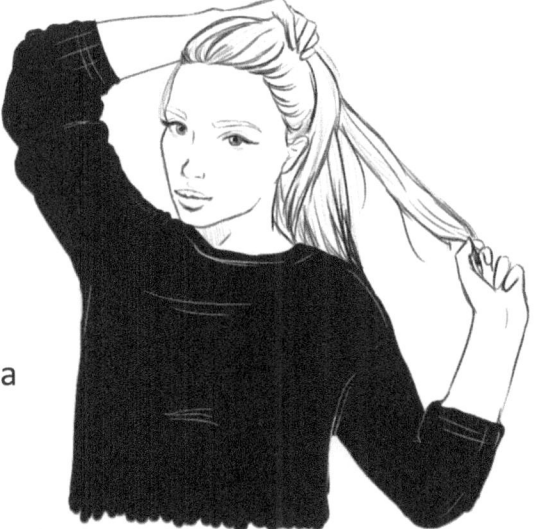

Eres fuerte, única e inteligente.

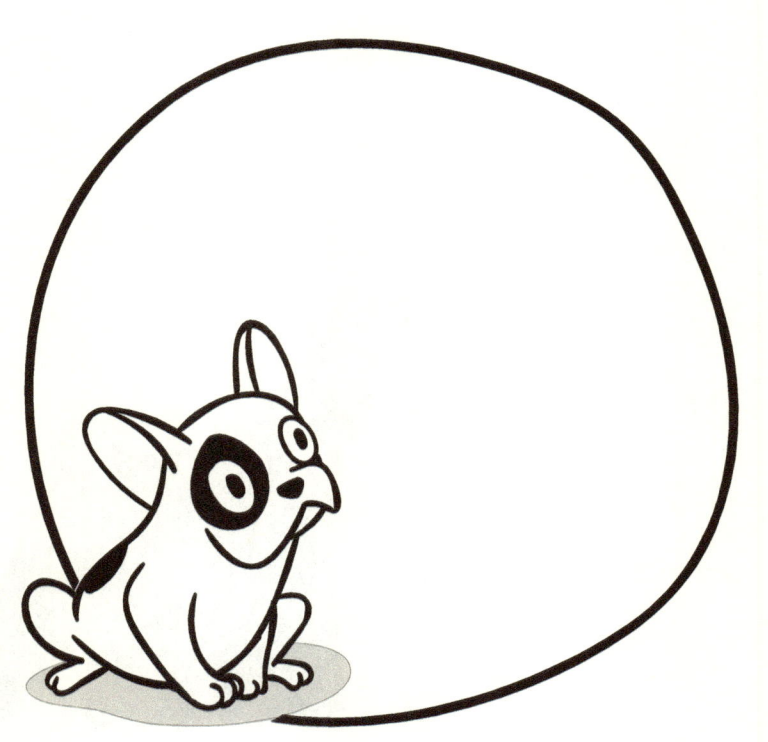

Tú puedes cambiar el mundo.

Mantén siempre tu humildad.

Siempre puedes elegir hacer lo mejor y lo correcto sin dañar a nadie.

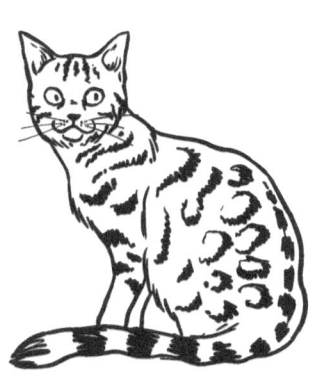
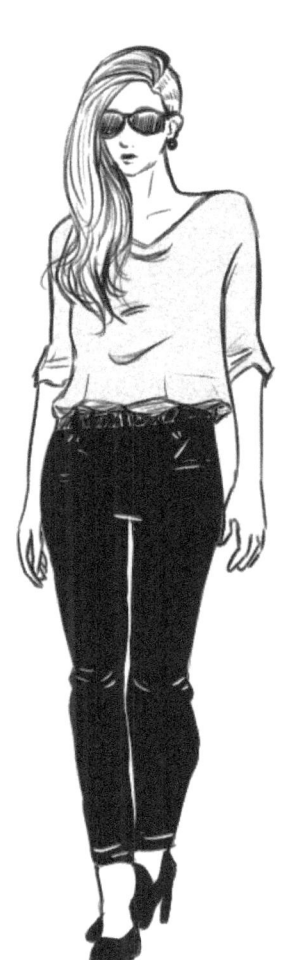

Nunca dejes de ser tú.

¿Sabes cómo nacen las estrellas?

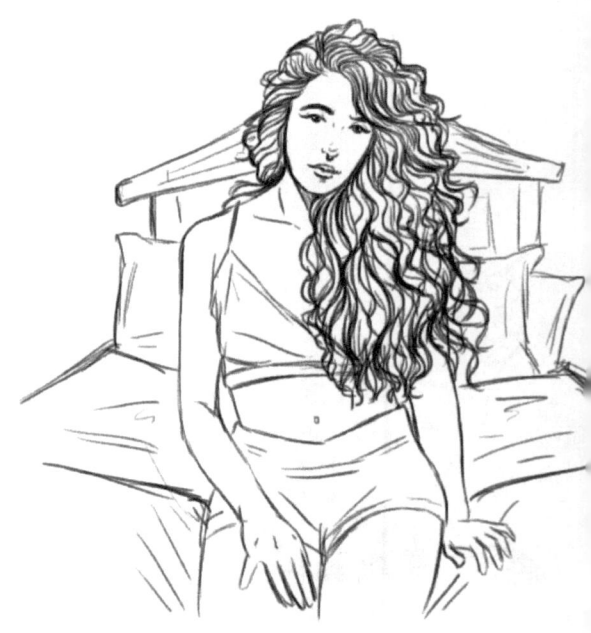

Para que una estrella nazca, hay una cosa
que debe suceder:
"Una nébula gaseosa debe colapsarse"
Así que colápsate.
Desmorónate.
Esta no es tu destrucción,
es tu nacimiento.

Navega en aguas desconocidas.

Supera tus obstáculos.

Emprende un nuevo viaje.

¿Qué aprendiste hoy?

La vida es para tomarla aquí, no para llevar.

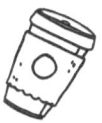

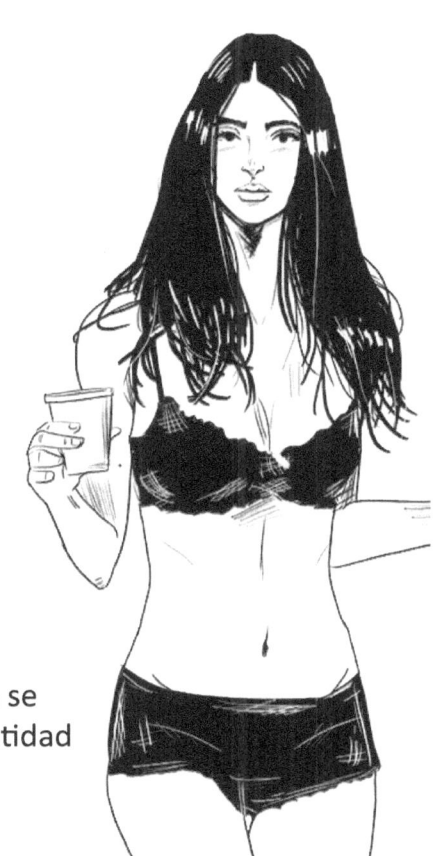

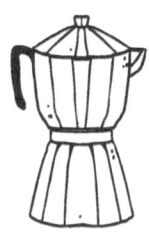
Detrás de cada persona se encuentra una gran cantidad sustanciosa de café.

Eres dueño de tu propia historia.

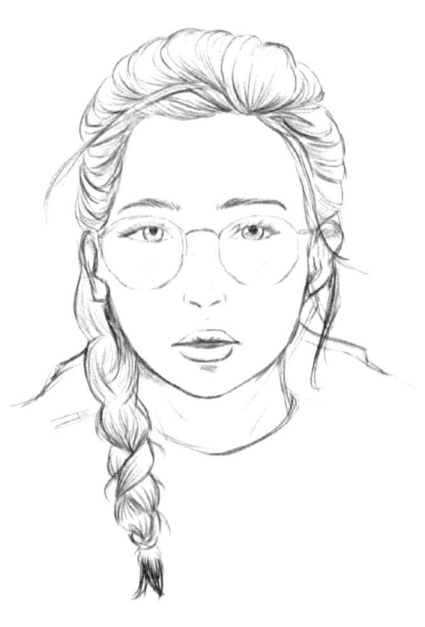

El mundo no se acabó, reiniciaste uno nuevo.

Todos los días aprendemos algo nuevo.

Haz cosas que te den miedo hacer.

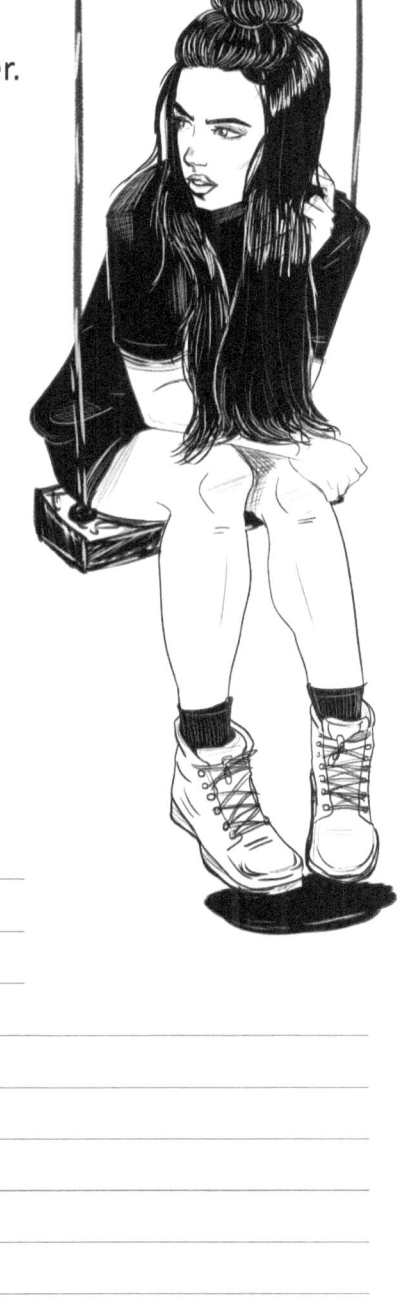

Un nuevo comienzo.

Una nueva oportunidad.

El color del día lo decides tú.

_____
_____
_____
_____
_____
_____
_____
_____
_____

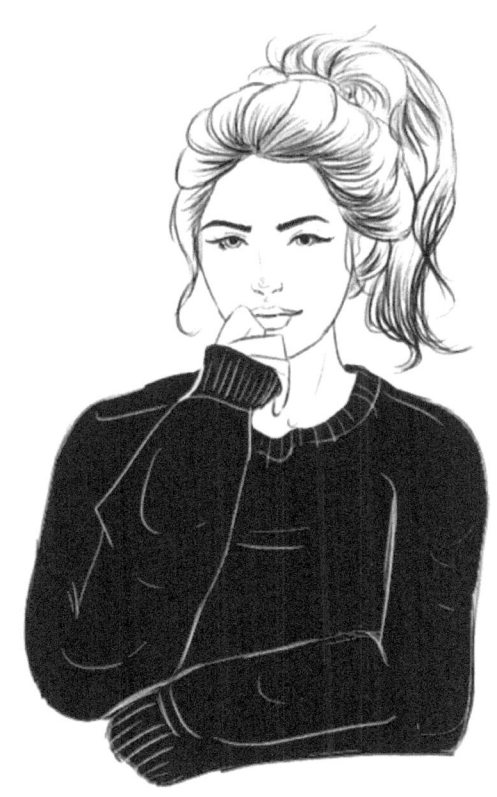

Combínalo con tu sonrisa.

Conéctate con eso que amas.

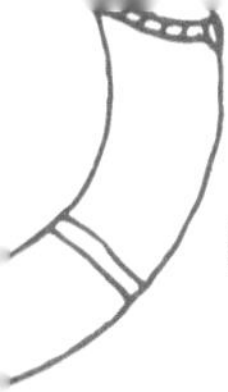

Regálate la oportunidad de ser feliz.

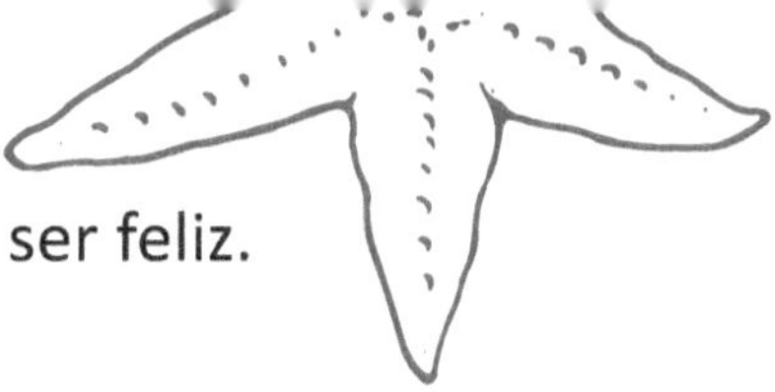

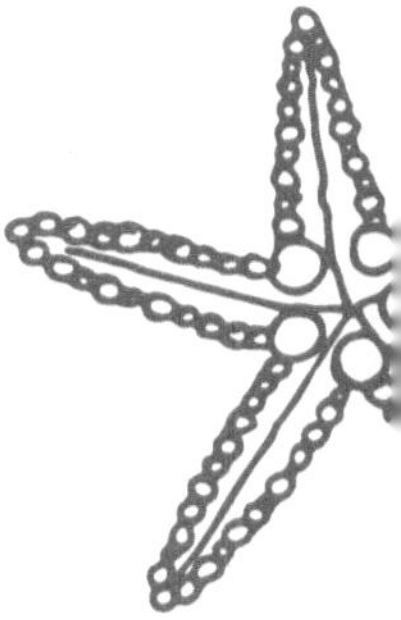

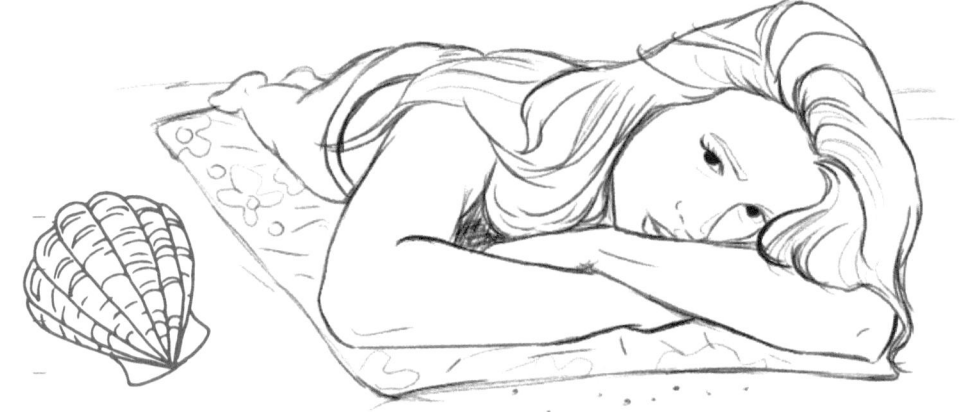

¡Levanta tu ánimo!

La vida es un constante aprendizaje.

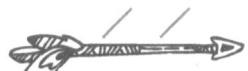 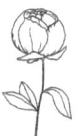

Vive todos los minutos,
porque la vida son horas.

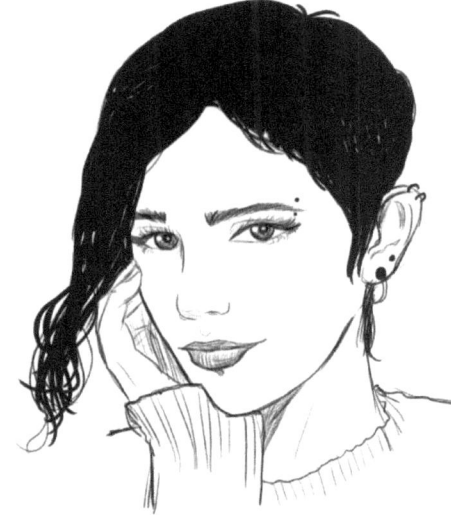

Agradece cada suspiro.

Con la mente en las nubes
y los pies sobre la tierra.

Que se nos cansen los pies,
nunca los pasos.

¿Has logrado lo que te propusiste al principio de la agenda?

_____
_____
_____
_____
_____
_____
_____
_____
_____
_____
_____
_____

¿Cómo va tu progreso? (Coloréalo)

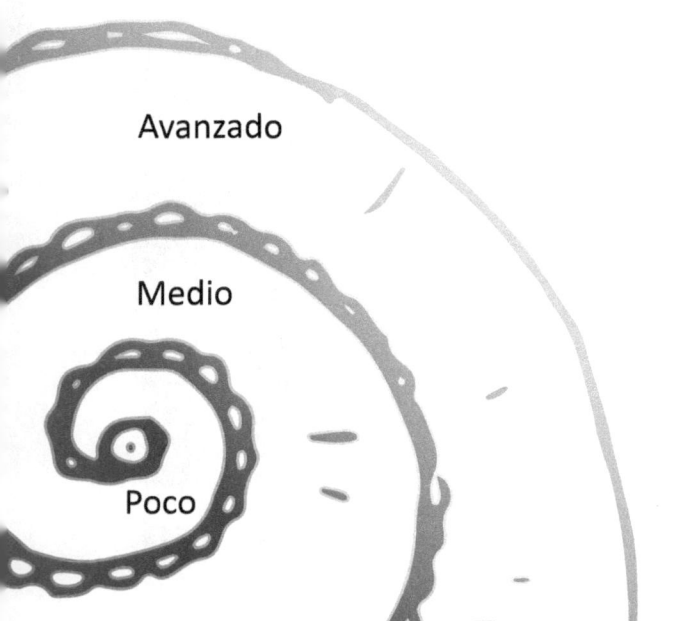

Avanzado

Medio

Poco

Retómalo
y recuerda que...

_____
_____
_____
_____
_____
_____
_____
_____
_____
_____

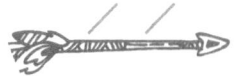

Una forma de morir es esperar, no esperes más, ¡hazlo!

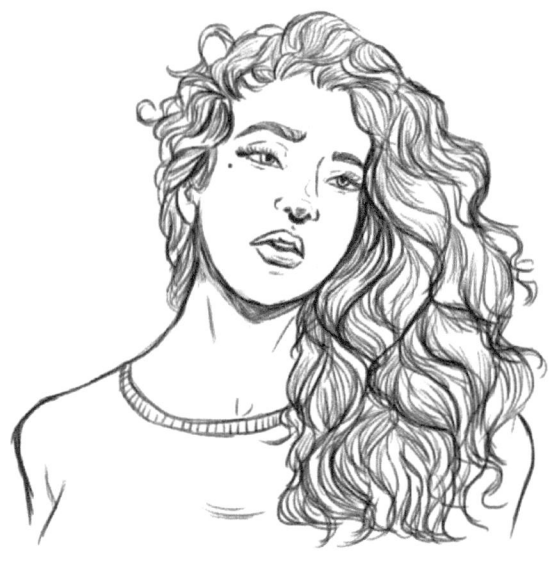

Si aún no lo has logrado,
hoy estás a tiempo.

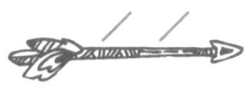

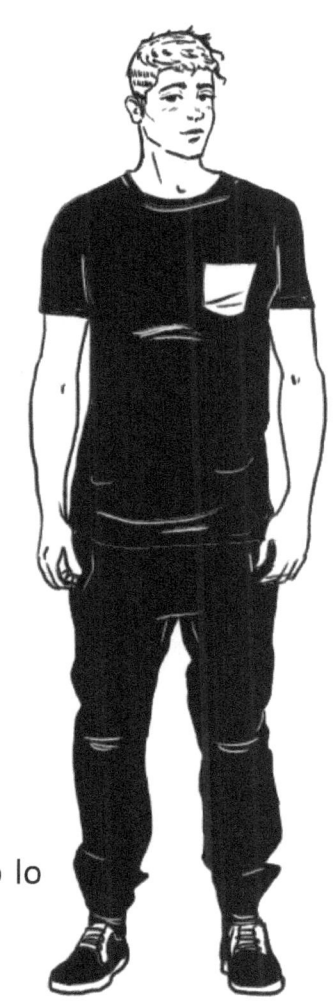

El tiempo avanza poco a poco cuando lo que quieres es algo grande.

La normalidad aburre.

Si tienes el privilegio de ser diferente, no cambies.

Yo no quiero algo normal,
yo quiero magia.

_____
_____
_____
_____
_____
_____
_____
_____
_____
_____

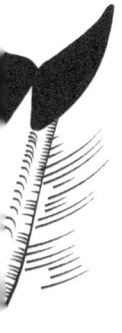

¿Y tú? ¿Qué quieres tú?

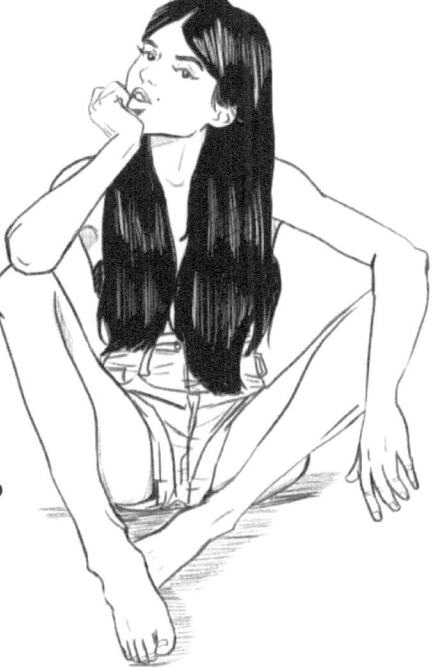

A veces sentimos que hemos
perdido nuestro rumbo, tranquila, es normal.

_____
_____
_____
_____
_____
_____
_____
_____
_____
_____

Sigue a tu corazón,
es el único que sabe lo que quieres.

Aprende a besar bajo la lluvia.

A navegar en aguas profundas.

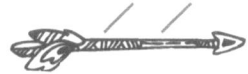

Pues las cosas importantes no se obtienen con facilidad.

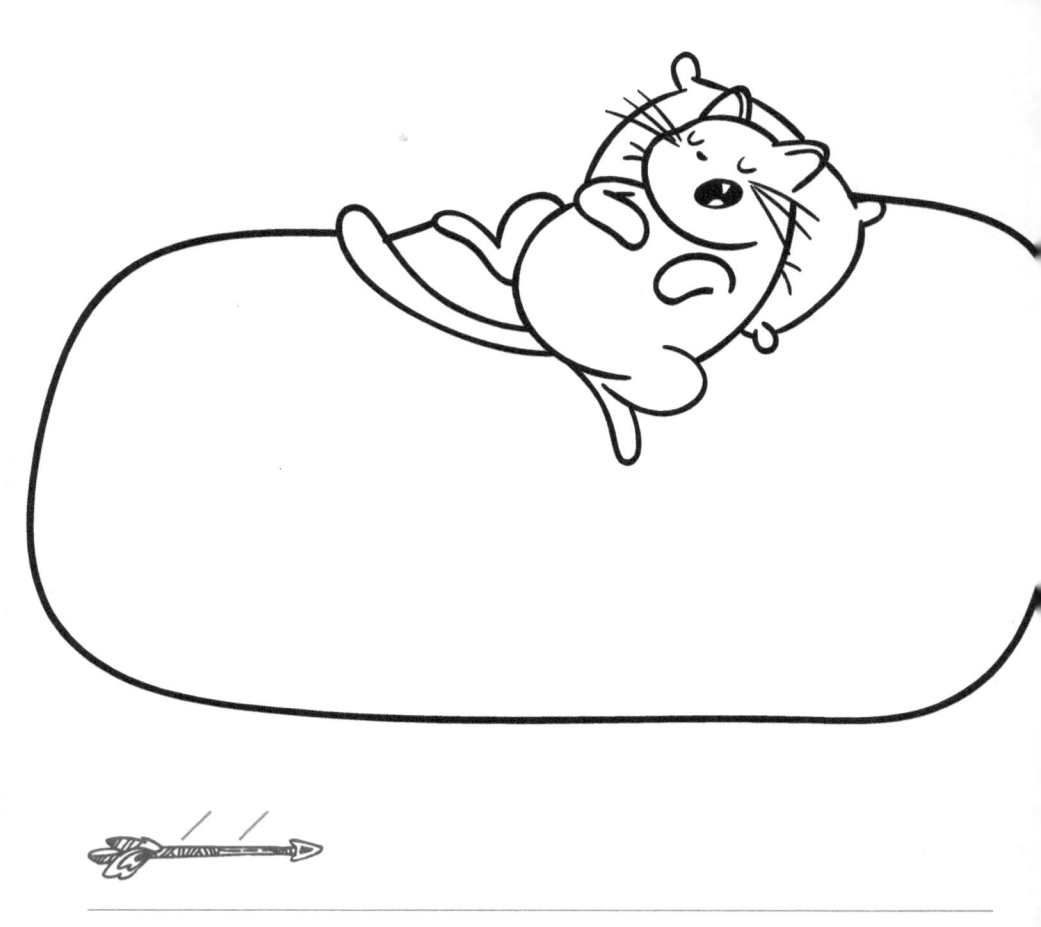

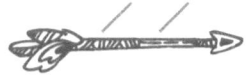

Vales mucho más de lo que crees.

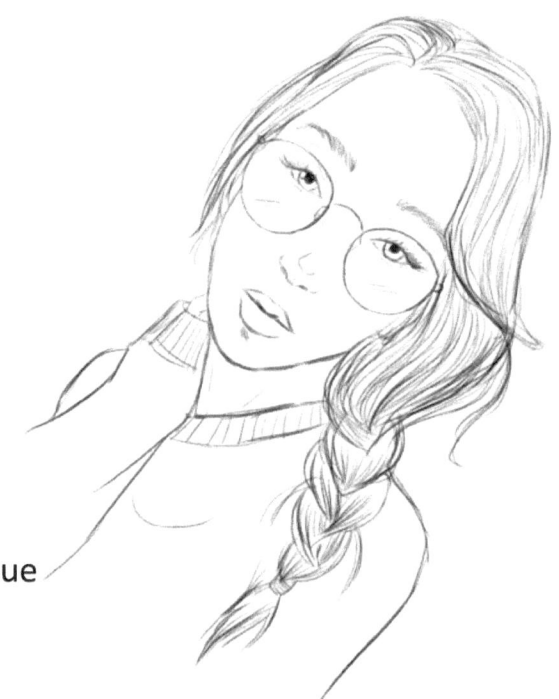

¿Cuántos libros has leído hasta ahora?

Recuerda anotar los libros pendientes por leer.

Busca esas frases inspiradoras cada vez que quieras tirar la toalla.

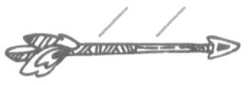
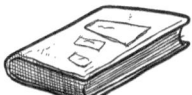
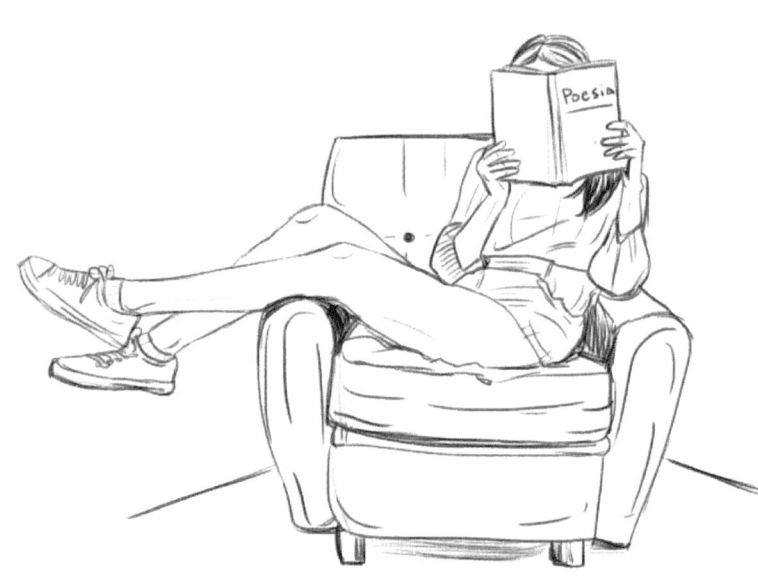

Nadie puede cambiar el pasado,
pero sí puedes cambiar tu presente

_____
_____
_____
_____
_____
_____
_____
_____
_____
_____
_____

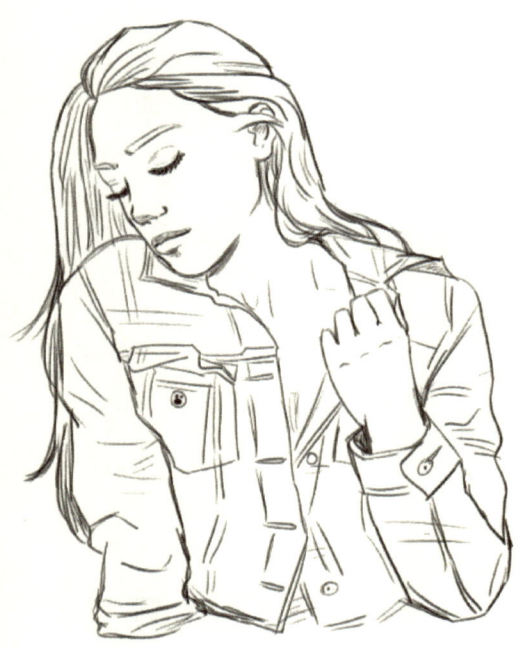

Evita vivir del pasado.

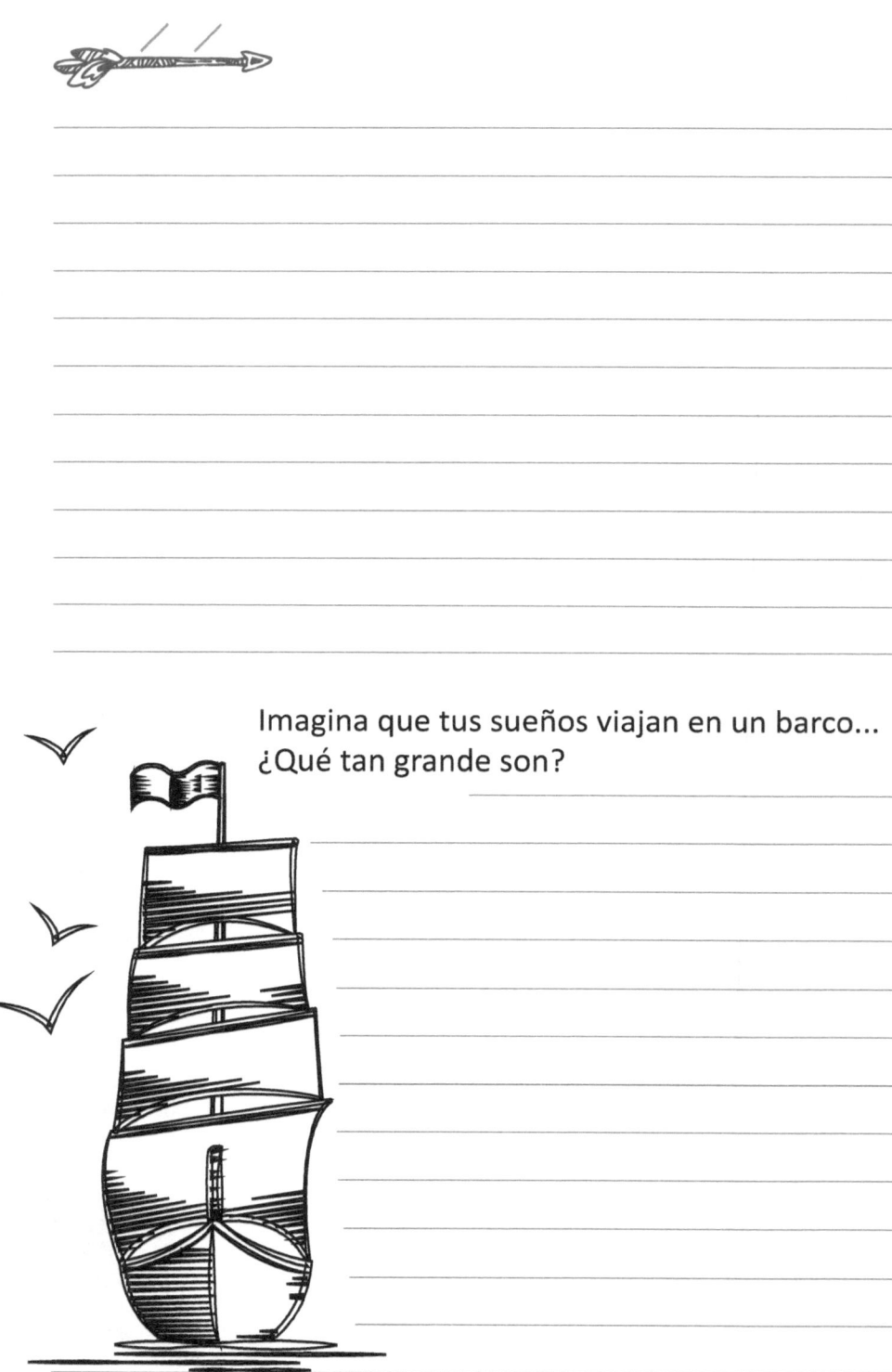

Imagina que tus sueños viajan en un barco...
¿Qué tan grande son?

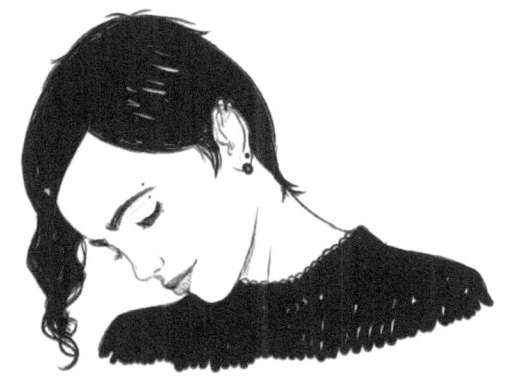

Sé fiel a ti misma.

Evita que otros vivan por ti.

Atenta a las señales.

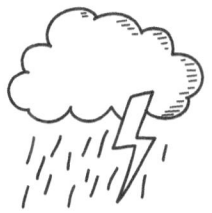

Sé constante.

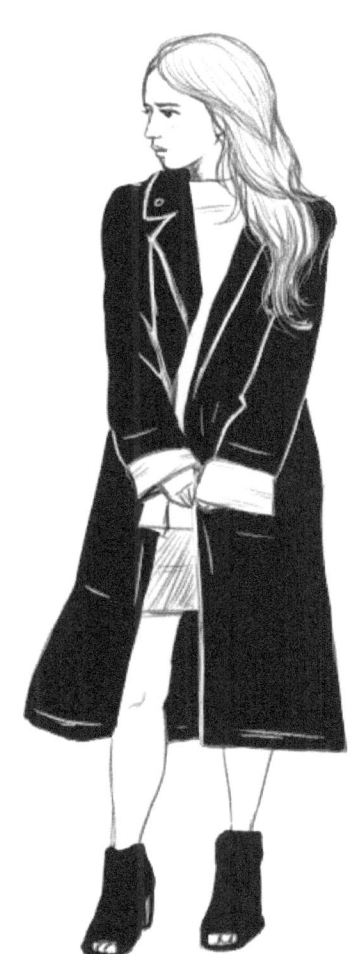

Cuando te canses de la rutina, recuerda:

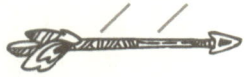

Conduce a un nuevo lugar.

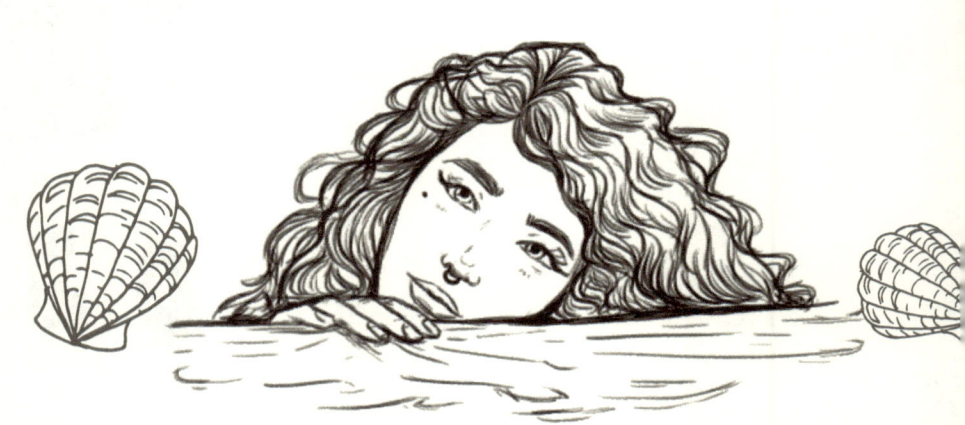

Escucha música.

¡Sal a bailar!

El café y el té son el combustible para cumplir tus sueños.

_____
_____
_____
_____
_____
_____
_____
_____

Respira y vuélvelo a intentar.

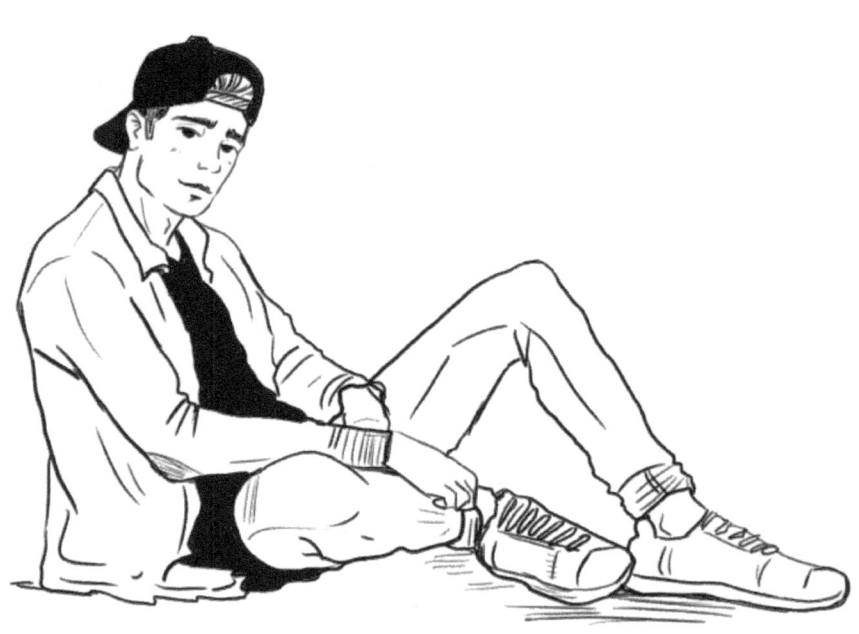

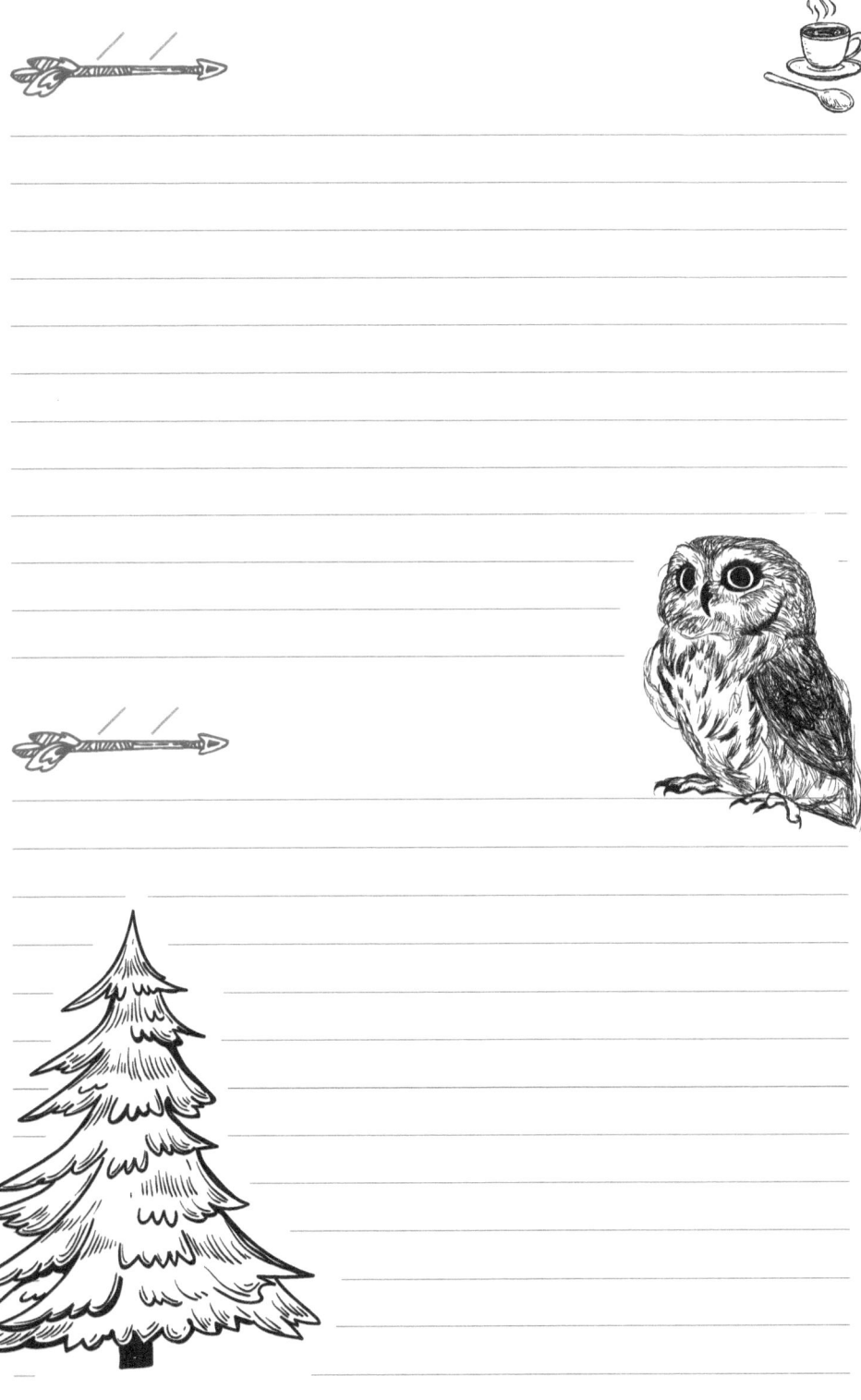

A veces perdernos significa encontrarnos con nosotros mismos.

_____
_____
_____
_____
_____
_____
_____
_____
_____
_____
_____
_____
_____

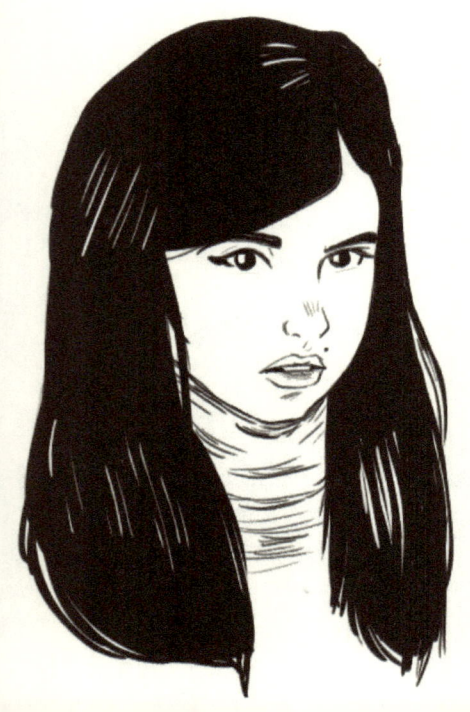

¡Enfócate!

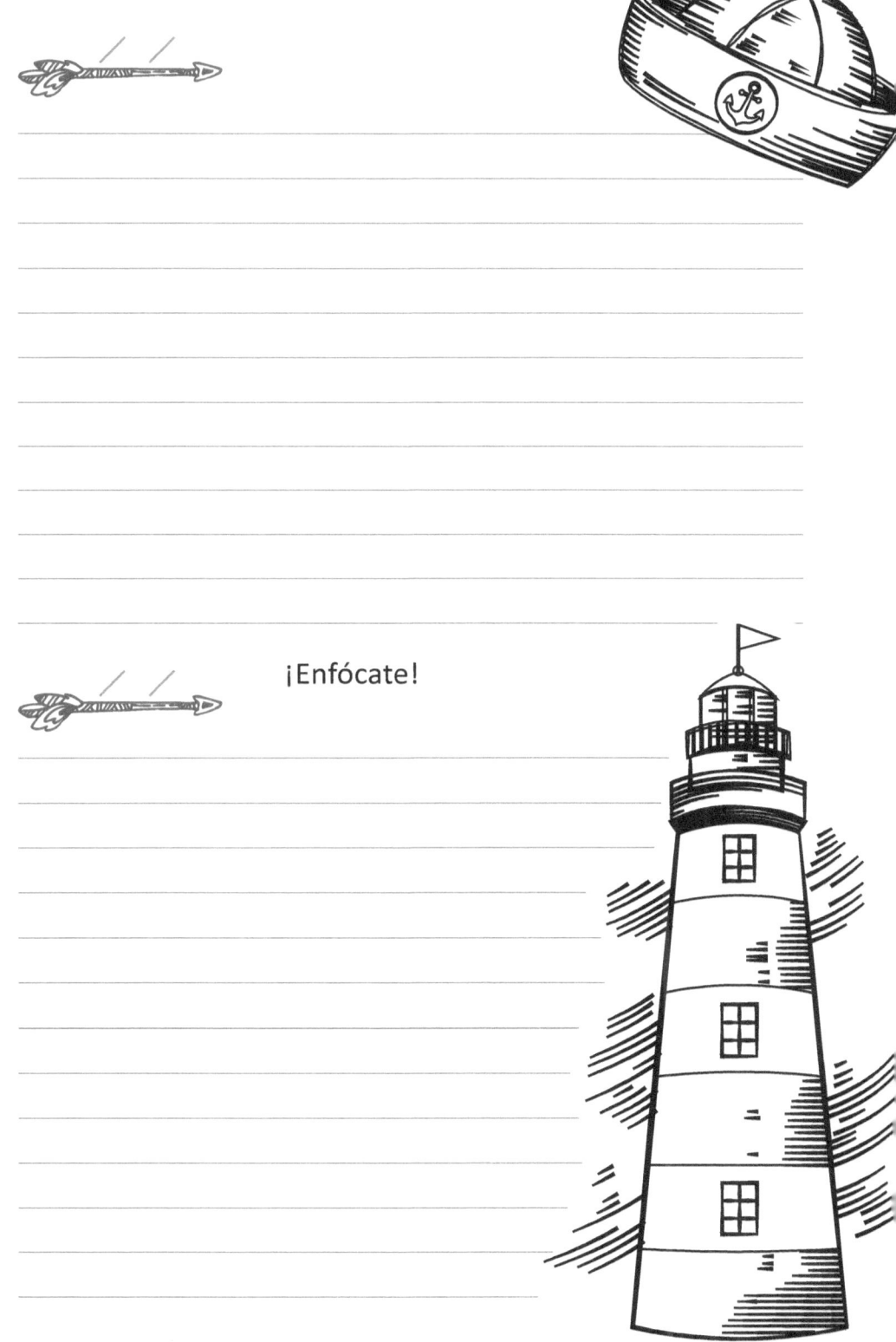

La vida solo quiere que la vivas.

Abraza fuerte.

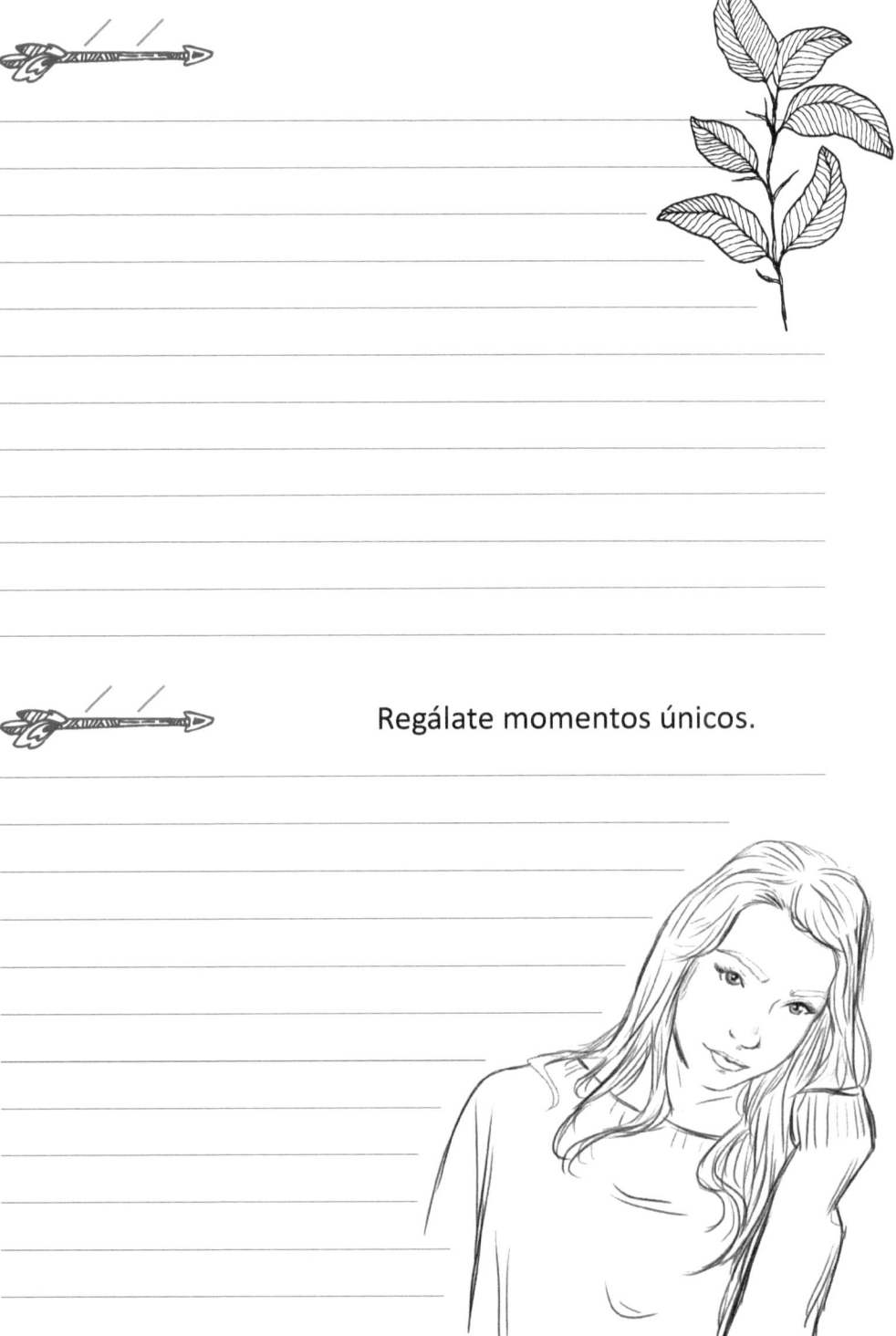

Regálate momentos únicos.

Renuncia al trabajo en el que no eres feliz.

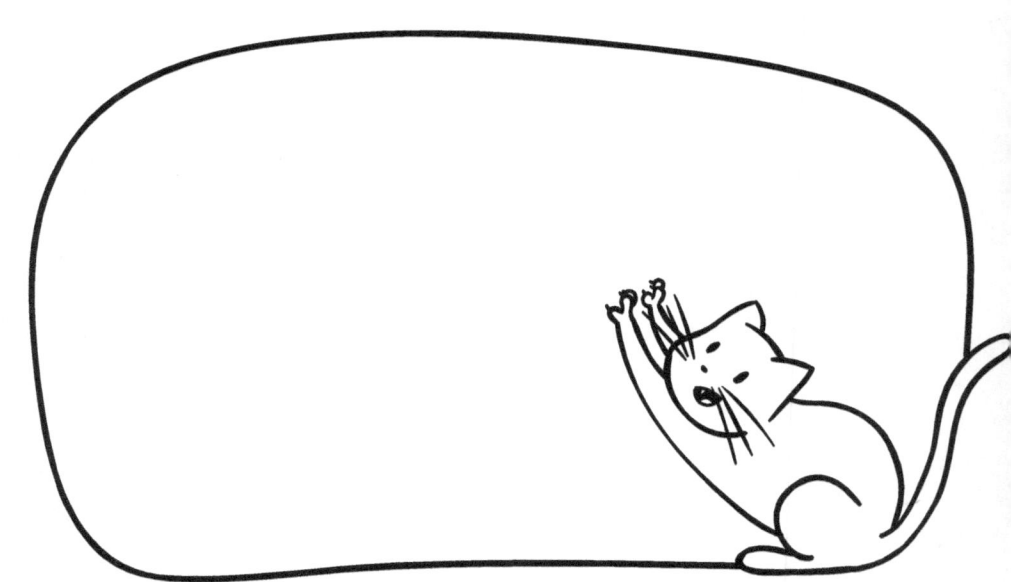

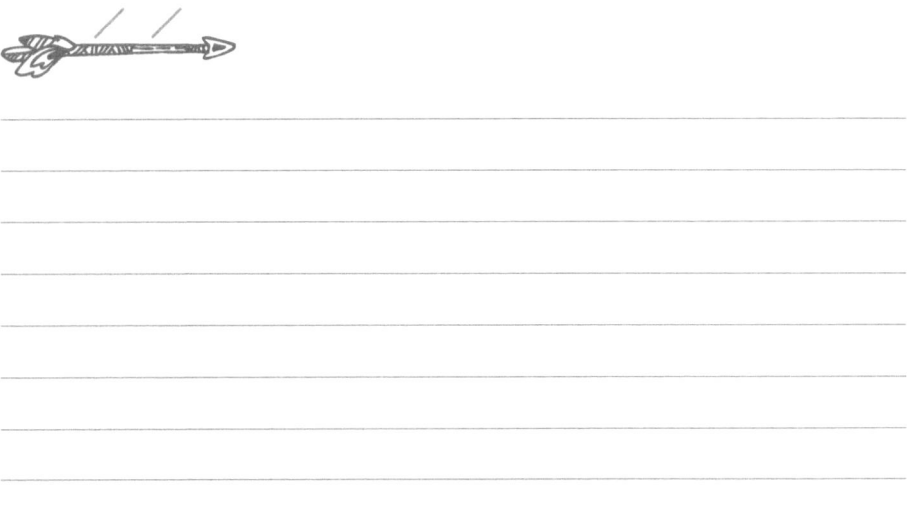

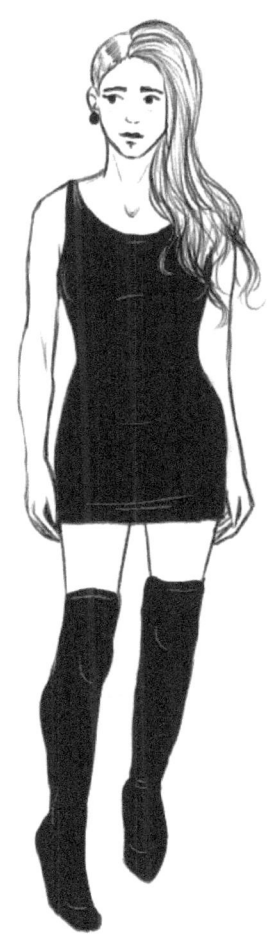

Una vez que aprendes a irte,
no te quedas por cualquiera.

Riega tu semilla y ten calma.

Los grandes árboles empiezan siendo pequeñas semillas.

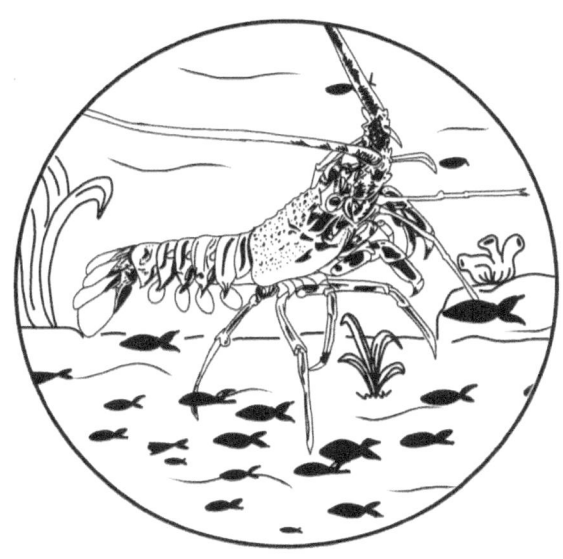

CRECIENDO EN LA ADVERSIDAD.

La langosta es un crustáceo suave y pulposo que vive dentro de un caparazón rígido. Ese caparazón no se expande, entonces, ¿cómo puede crecer la langosta? Mientras la langosta crece, el caparazón se vuelve una gran limitante y ella se siente incómoda y bajo mucha presión, por lo que se va debajo de una formación de piedras para protegerse de los depredadores, dejándolo y creando uno nuevo. Eventualmente, ese también se vuelve muy incómodo, por lo que nuevamente se oculta bajo las rocas y repite el mismo procedimiento hasta que se vuelve adulta.

El estímulo que permite a la langosta crecer, es sentirse incómoda. Si la langosta tuviera un doctor, nunca crecería, porque en el momento en el que empezara a sentirse irritada, acudiría a él y éste tal vez le recetaría Valium o Paracetamol, con lo que se sentiría bien, haciendo que nunca se quitara el caparazón.

Lo que la langosta nos enseña, es que los "tiempos de estrés" también son "tiempos" que representan señales para el crecimiento personal, y si vivimos la adversidad de manera positiva, podemos madurar mientras la transitamos.

Ilustración: @LosVersosQueNonosdimos

Aprende de tus errores.

Mientras más falles, más aprenderás.

Tú eres más fuete que una desilusión.

¿Estás esperando el momento perfecto para hacer algo?

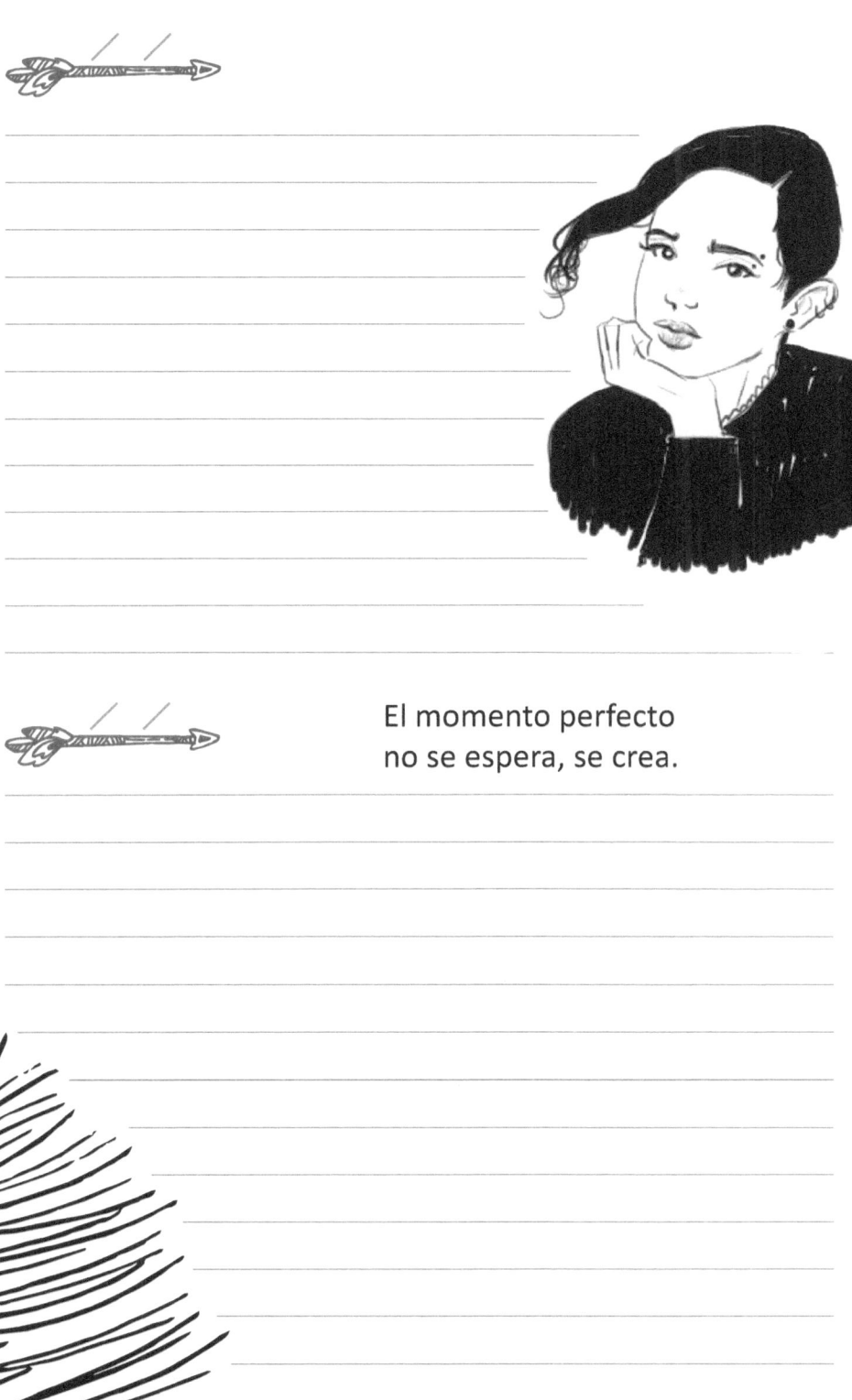

El momento perfecto
no se espera, se crea.

Tus sueños son pequeñas predicciones del futuro.

___
___
___
___
___
___
___

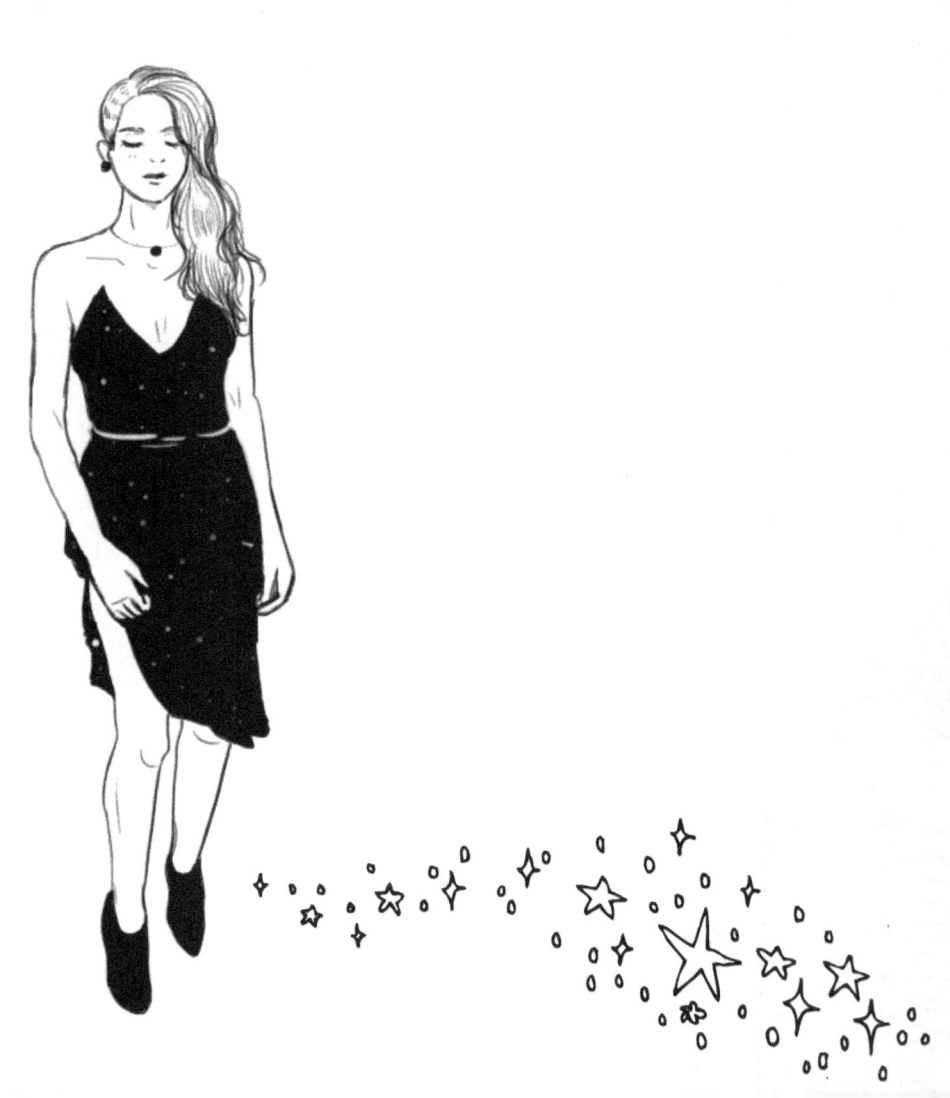

Para conseguir tus sueños, solo tienes que despertar.

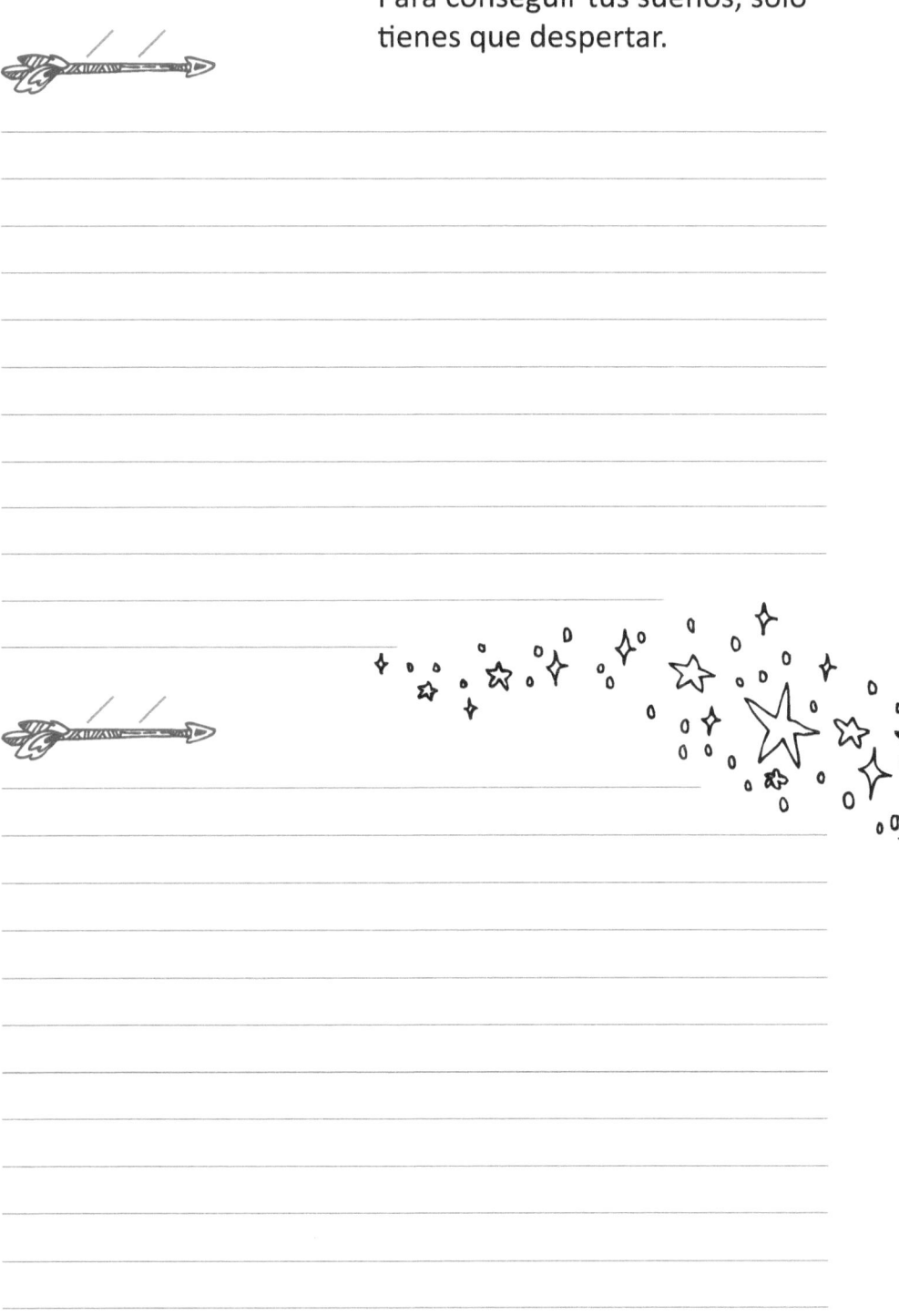

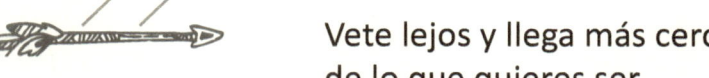

Vete lejos y llega más cerca
de lo que quieres ser.

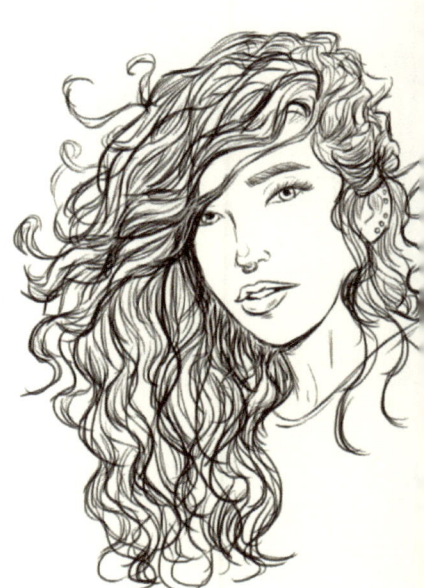

A veces lo que quieres se encuentra al otro lado del miedo.

Cada vez falta menos para ese "Gran día"

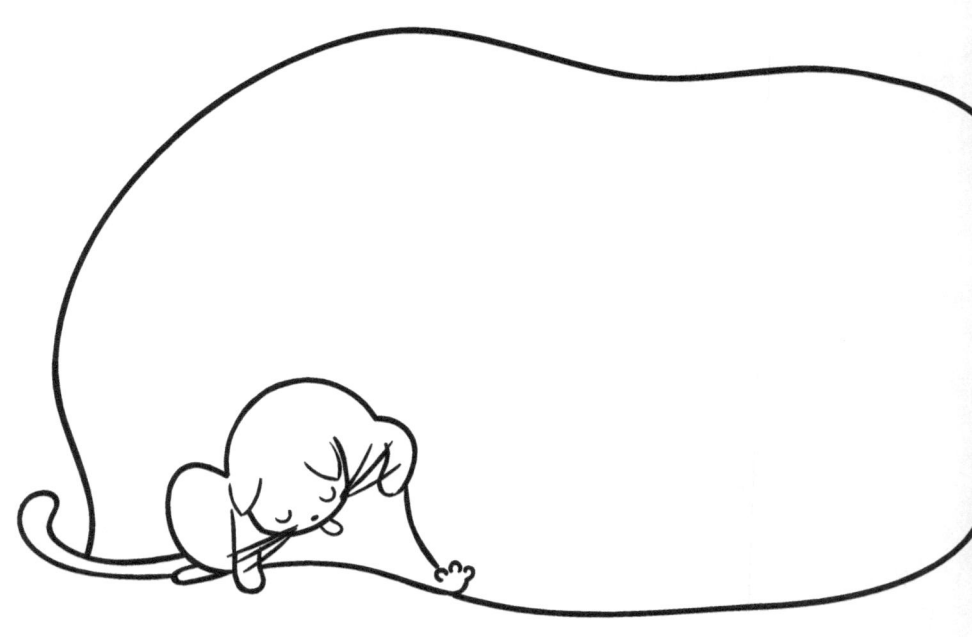

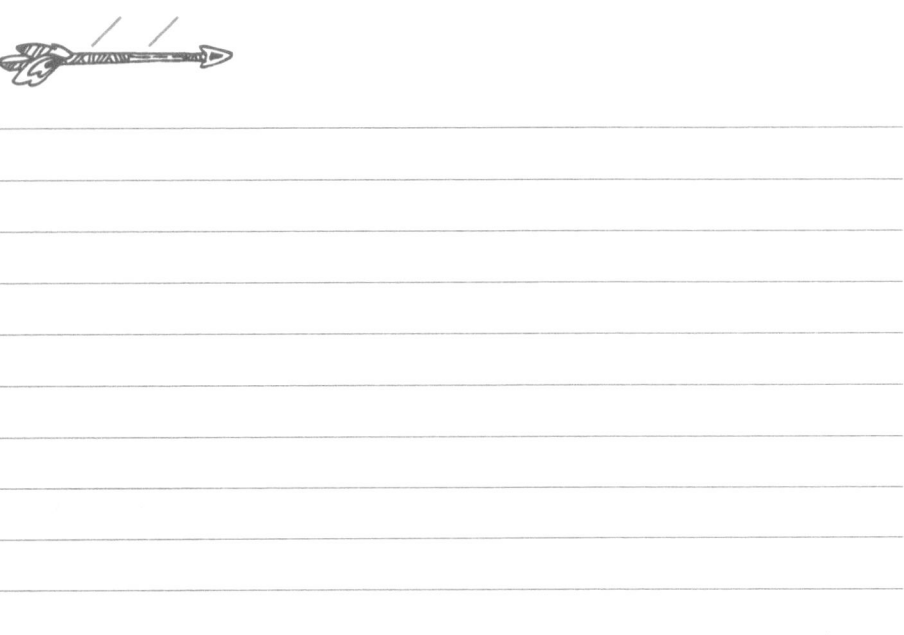

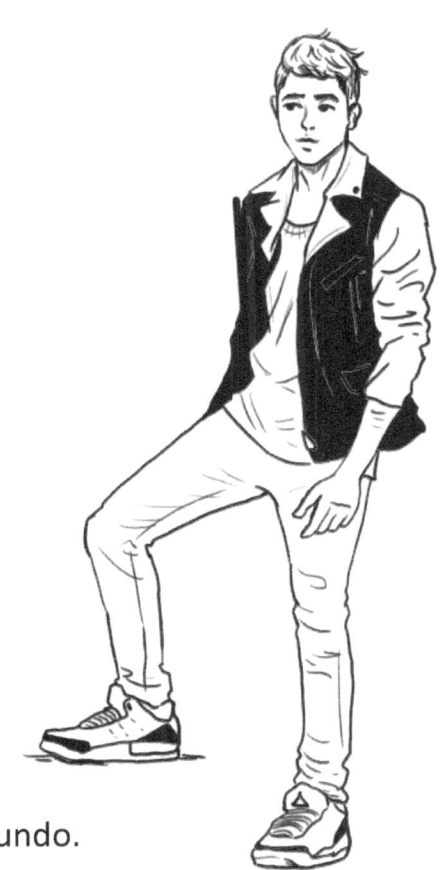

Estás cerca de conquistar el mundo.

**Cada vez que te caigas,
te levantarás con más fuerza.**

Confía en ti...

... E inténtalo una vez más.

Haz tus sueños realidad.

Atención: Leer llena, pero no engorda.

Evita vivir del pasado.

Sé tan independiete como un gato.

Sin riesgo, no hay historia.

Lee sobre algo que nunca hayas escuchado.

Aprende cosas nuevas.

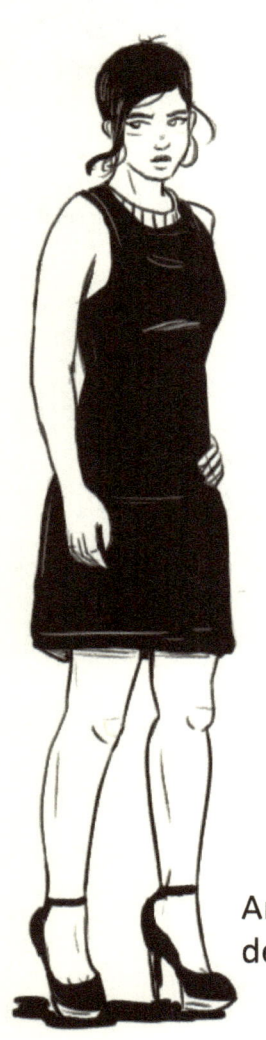

Antes de salir, vístete de viaje.

El mejor de los atuendos es la buena actitud.

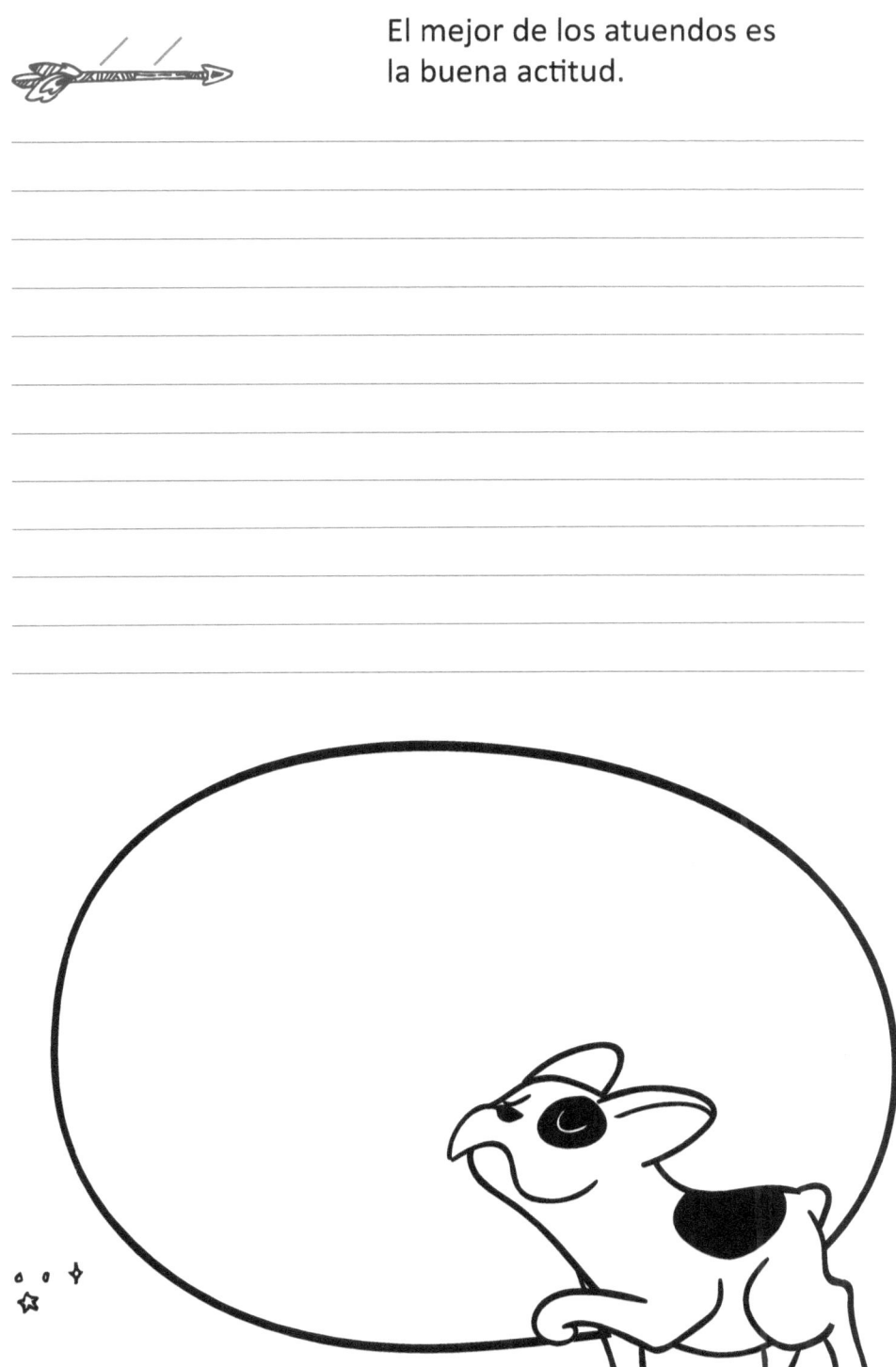

Cuida tus plantas.

"Somos de quien..."
No, no somos de nadie.

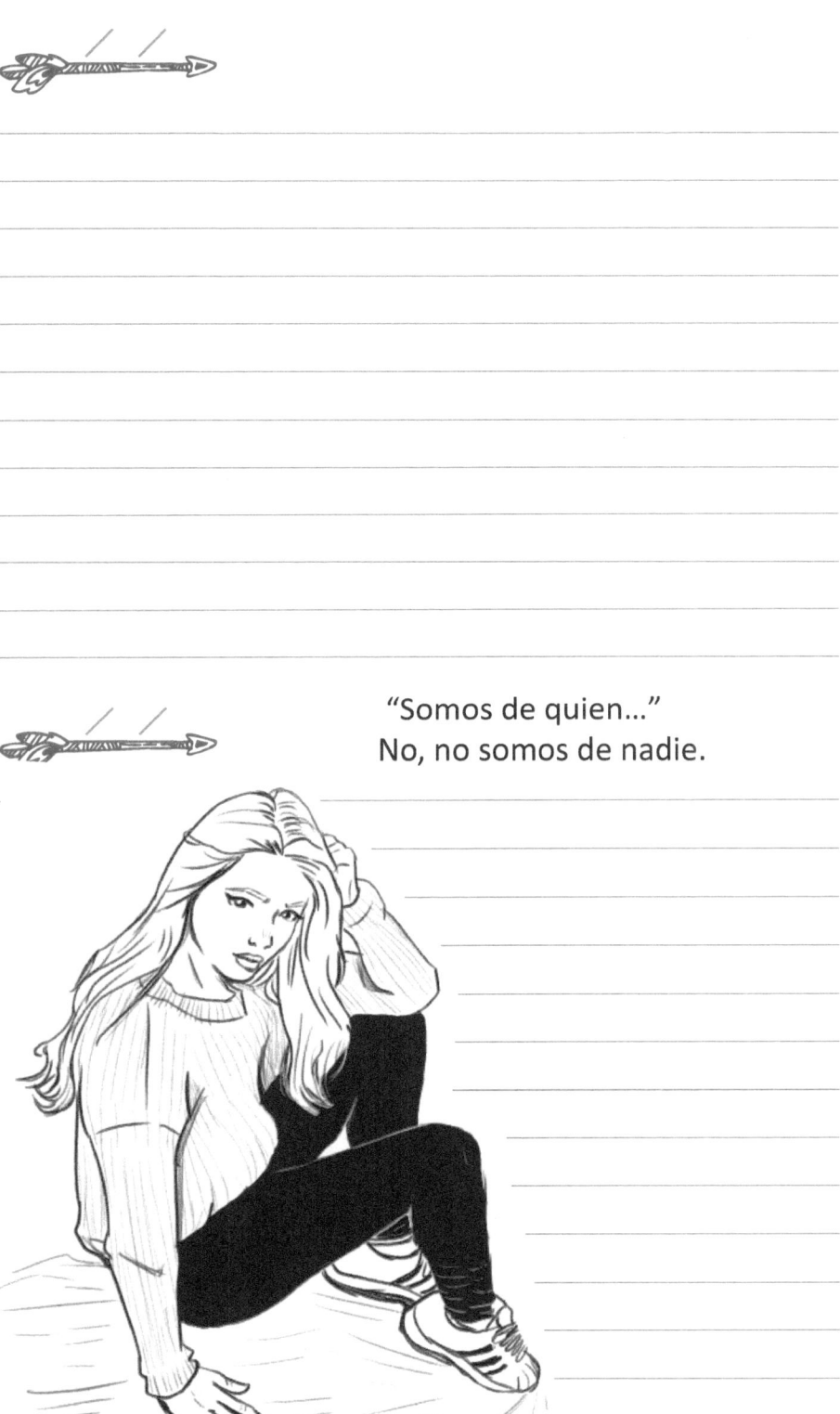

**Sé un capitán
en busca de la felicidad.**

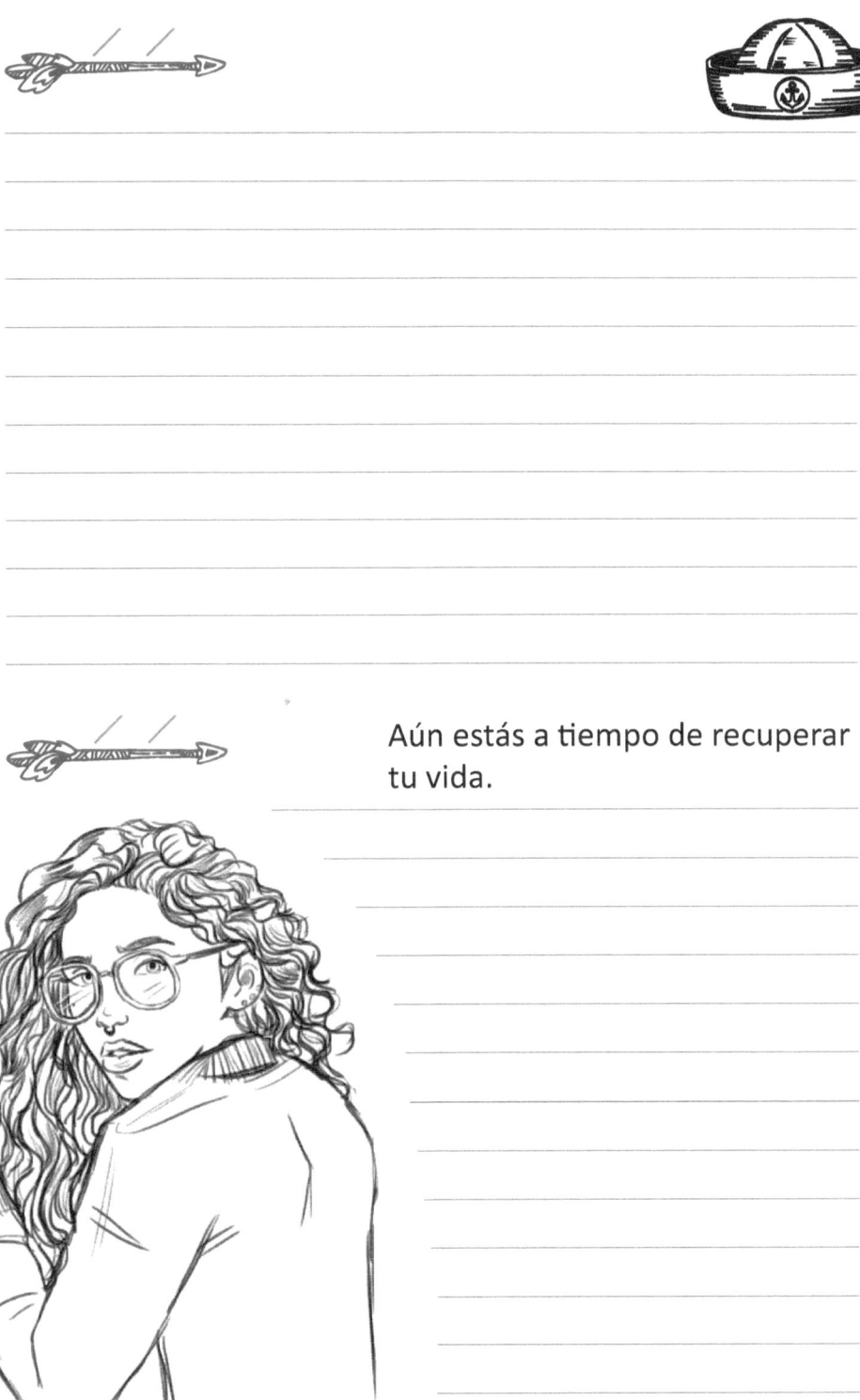

Aún estás a tiempo de recuperar tu vida.

Organiza tu tiempo.

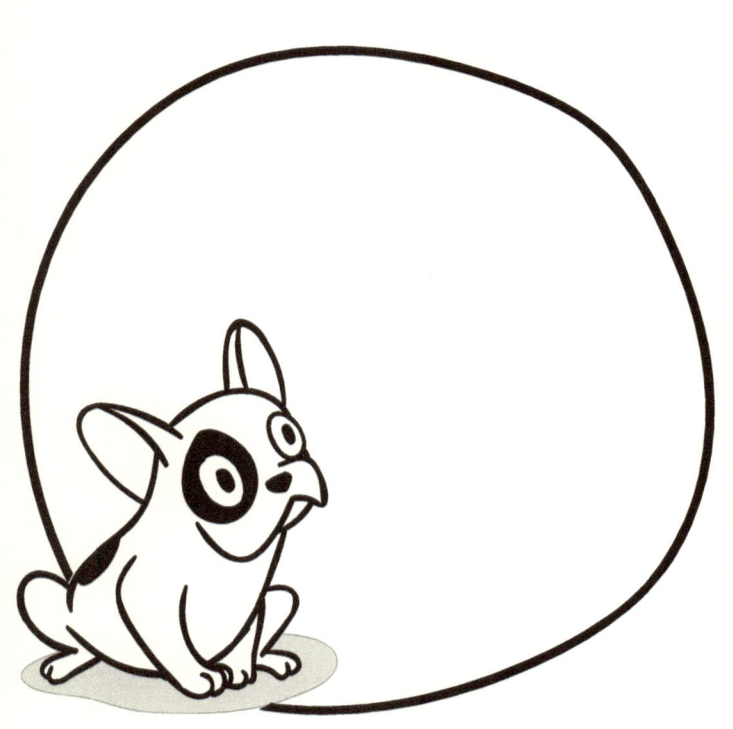

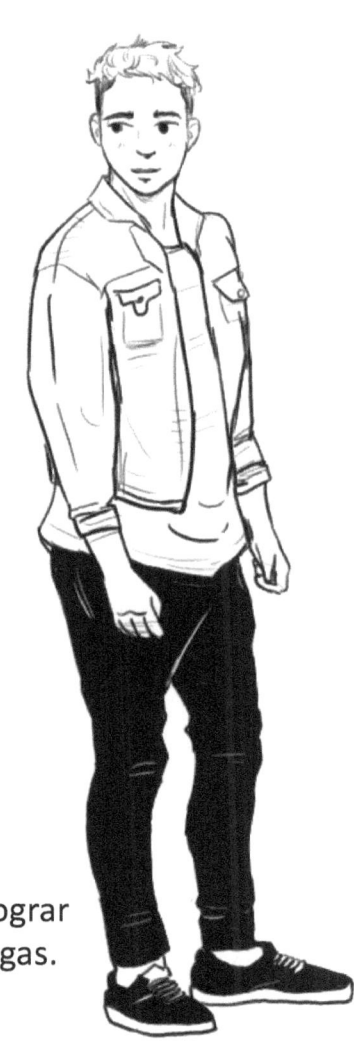

Descubre que eres capaz de lograr
todas las cosas que te propongas.

Todos estamos luchando día a día por ser mejores personas.

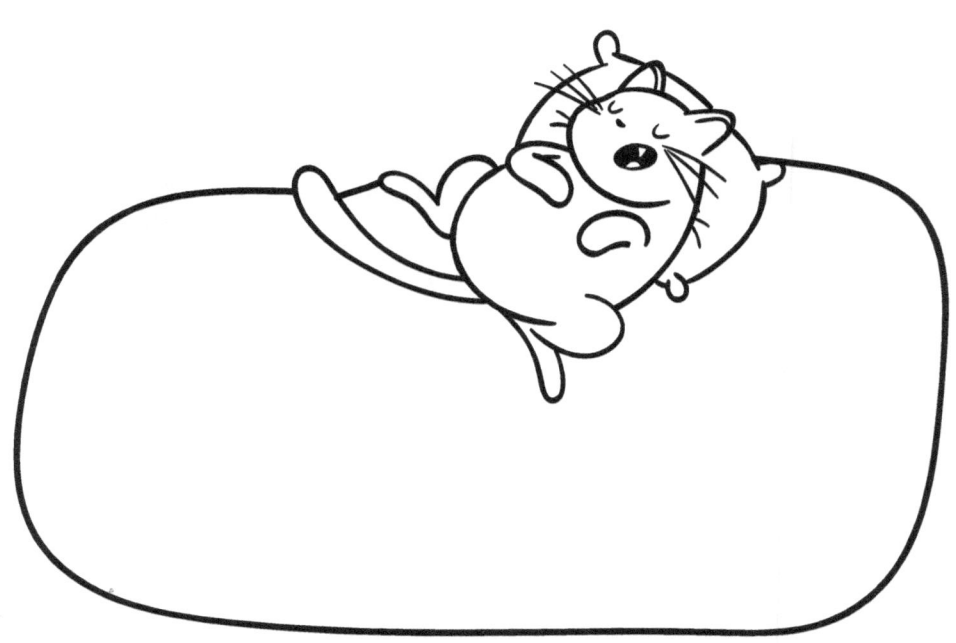

Mantente humilde y siempre con una sonrisa,
verás que el mundo será un lugar más fácil.

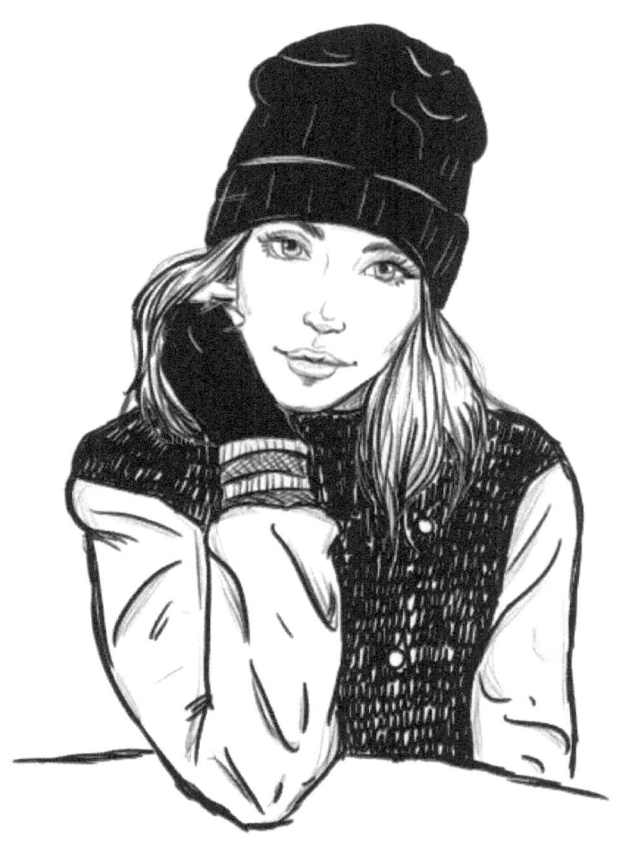

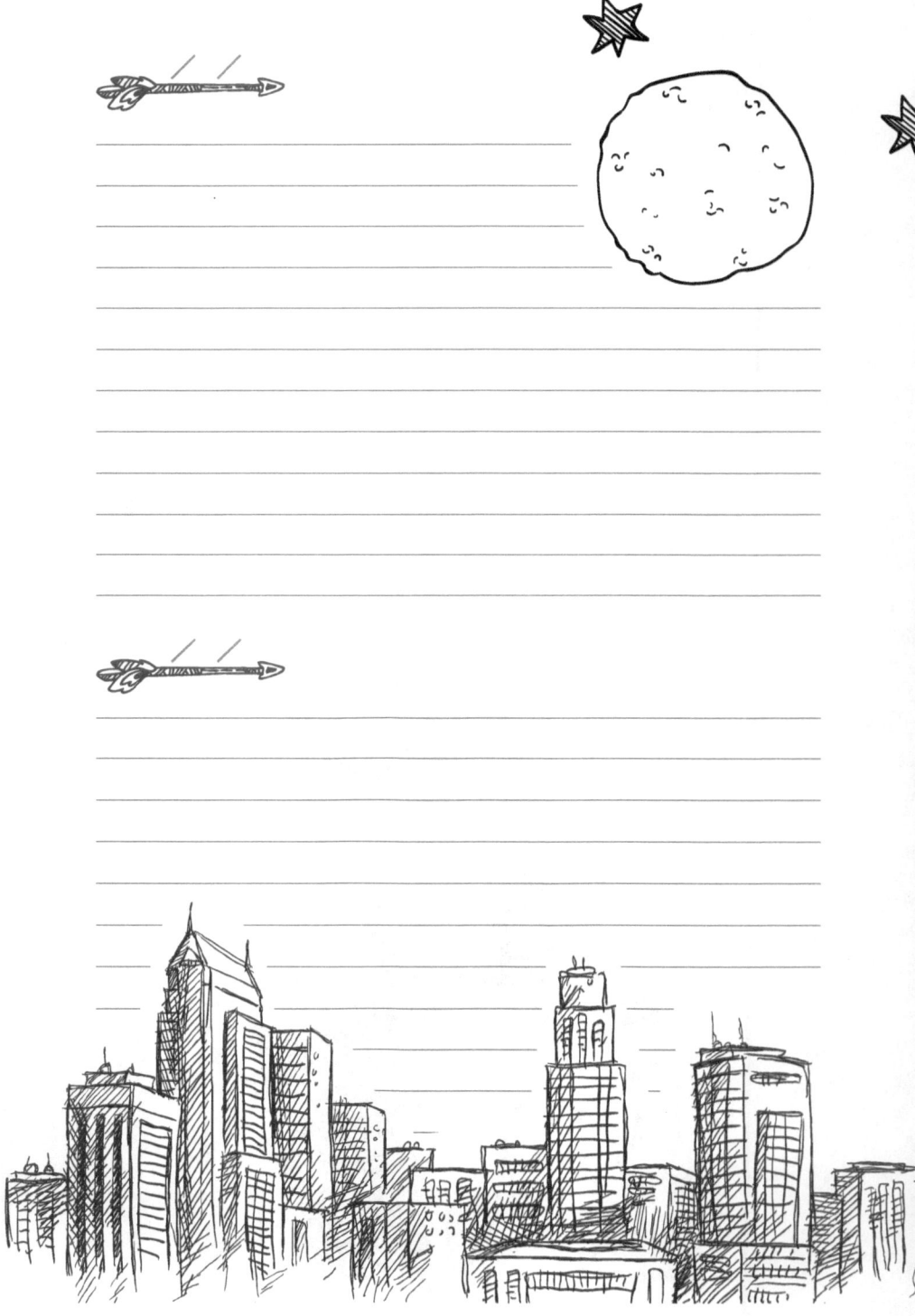

Deja volar tu imaginación.

Escapa por un día de la rutina y conoce nuevos lugares.

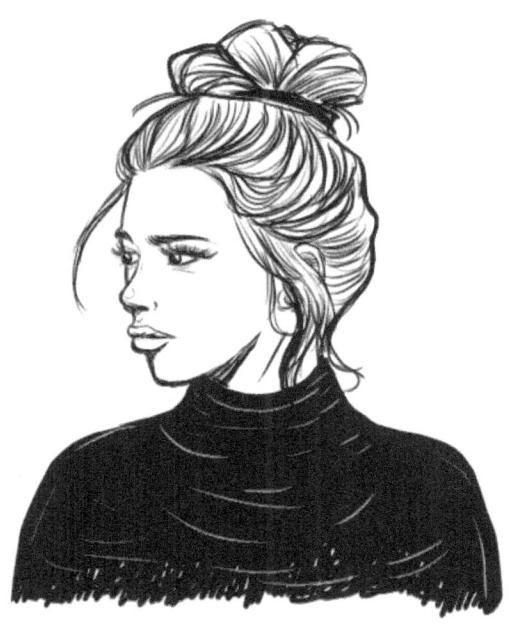

Atrapa tus sueños.

Detrás de tus miedos se esconde un mágico mundo donde todo es posible.

@SharonTaolina

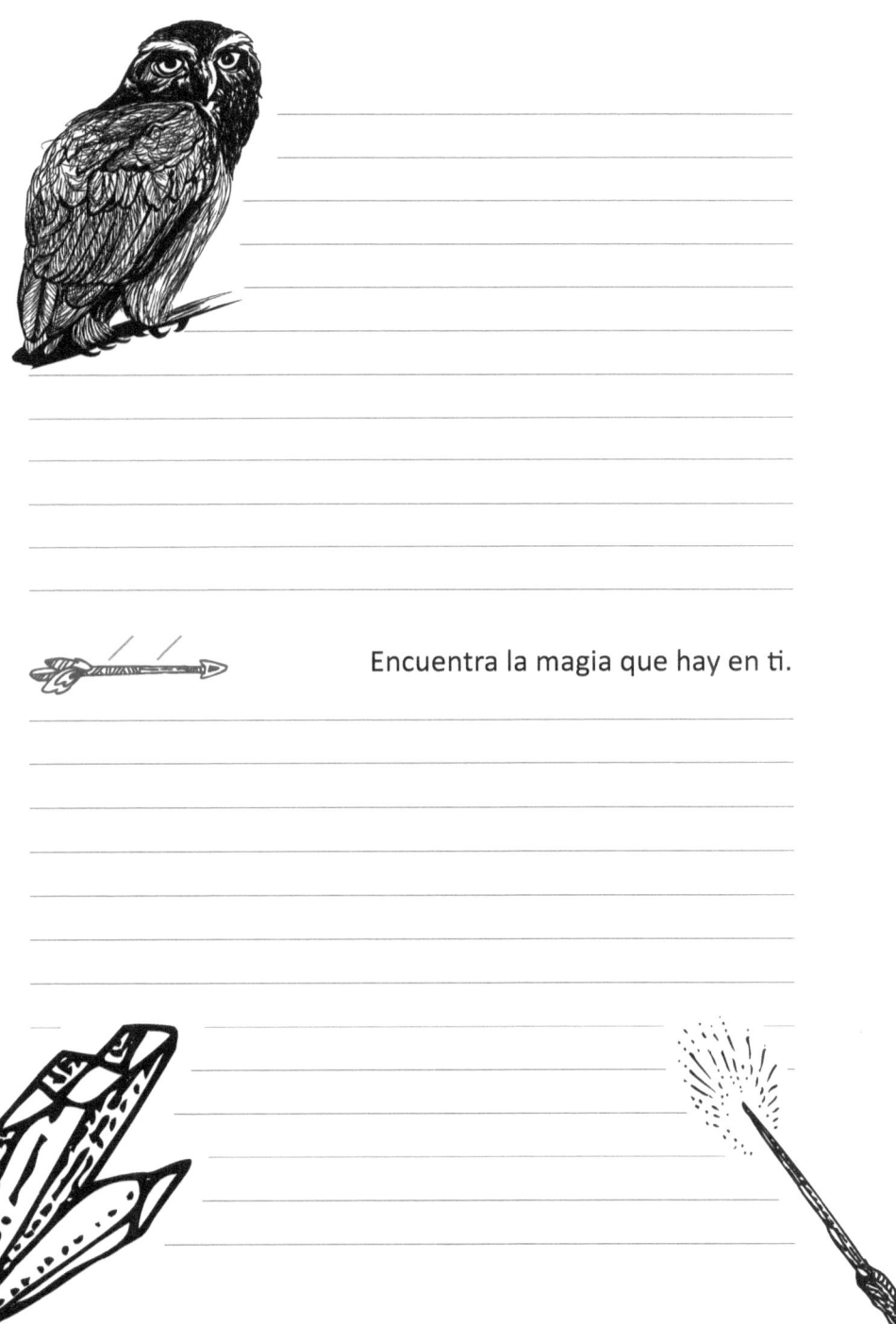

Encuentra la magia que hay en ti.

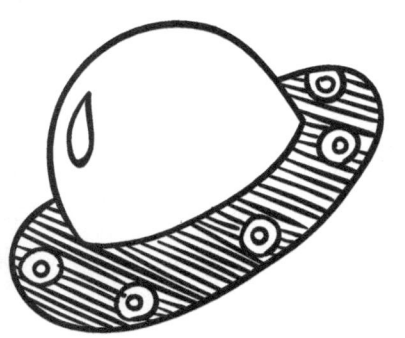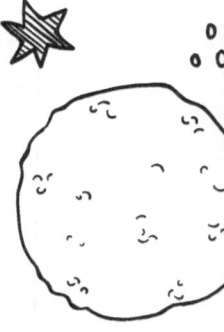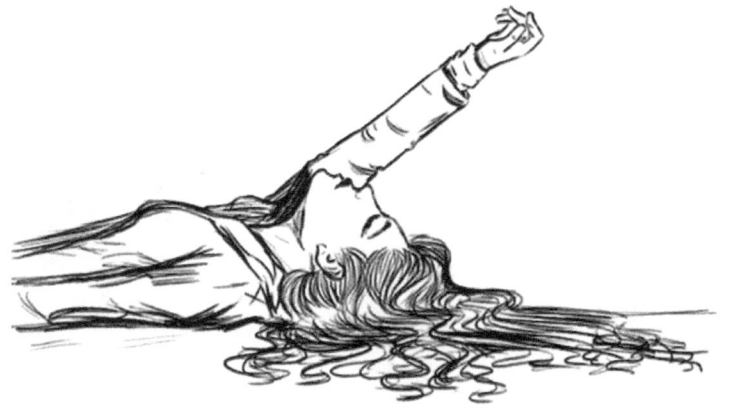

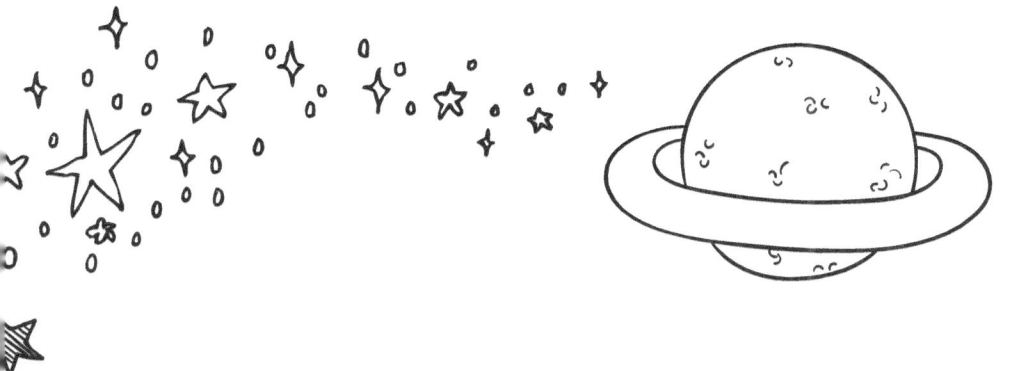
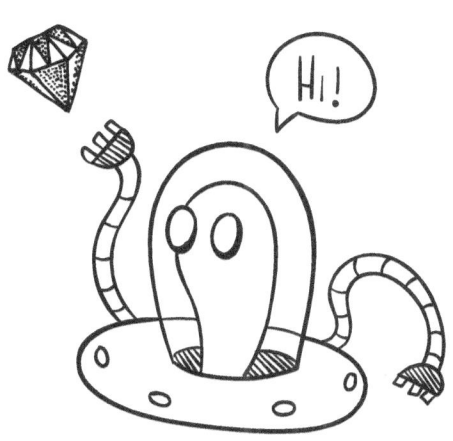

Los límites los crea tu propia mente.

Quiere en libertad.

A días tristes... Paseos largos.

Encuentra tu refugio.

Después de la depresión...
Viene la calma.

Disfruta de un paseo a la montaña.

Mereces un descanso.

➤ Vuelve a esos lugares donde amaste verdaderamente la vida.

➤ Viaja, toma fotos, y diviértete.

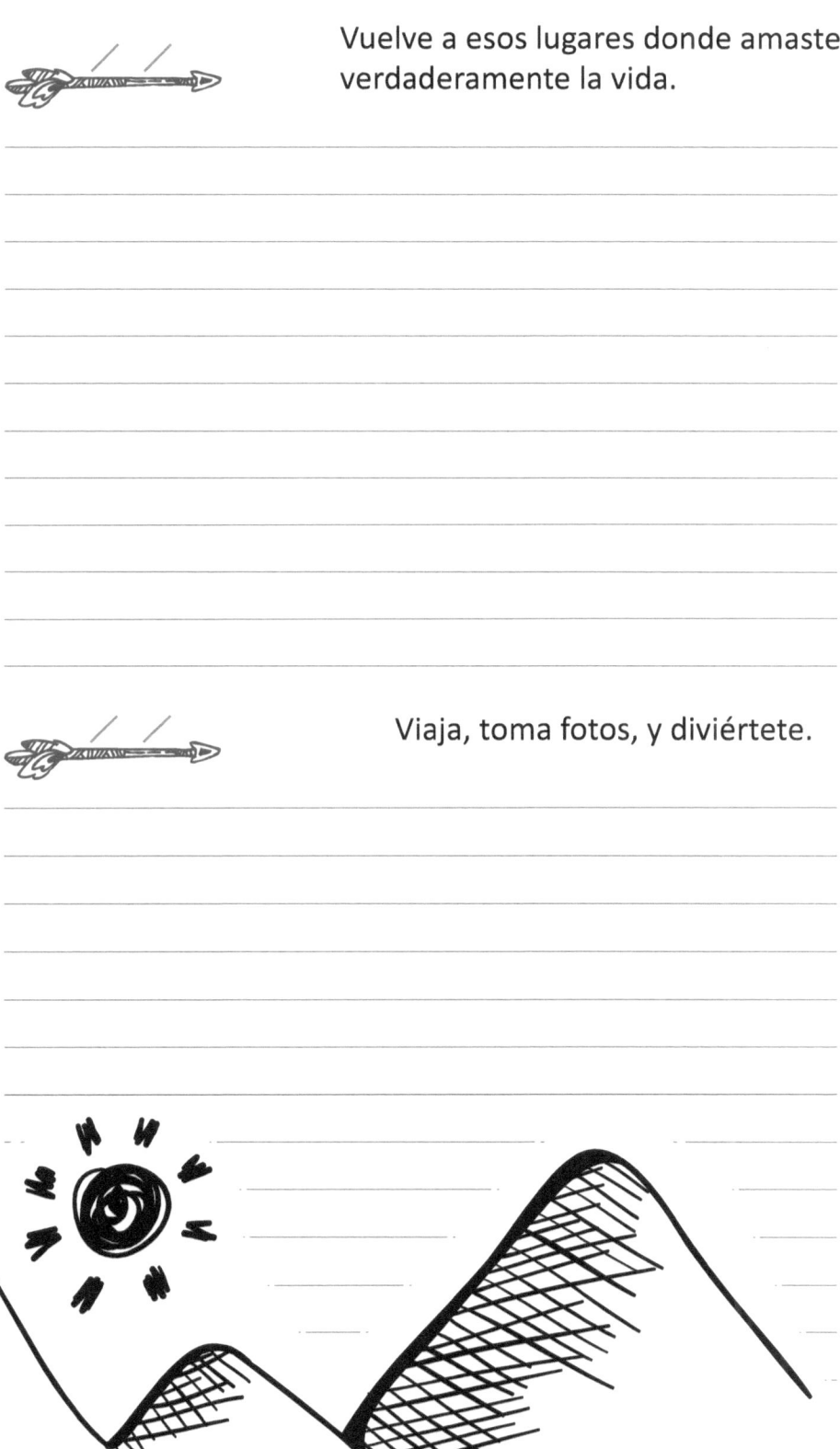

www.ingramcontent.com/pod-product-compliance
Lightning Source LLC
Chambersburg PA
CBHW031631210526
45464CB00004B/1843